모두를 위한
설교 시리즈
10

그리스도의 재림을 위한 준비, 데살로니가전후서 강해

오직 깨어 정신을 차릴지라

세움북스는 기독교 가치관으로 교회와 성도를 건강하게 세우는 바른 책을 만들어 갑니다.

모두를 위한 설교 시리즈 10

오직 깨어 정신을 차릴지라

그리스도의 재림을 위한 준비, 데살로니가전후서 강해

초판 1쇄 인쇄 2024년 7월 25일
초판 1쇄 발행 2024년 7월 30일

지은이 | 이상웅
펴낸이 | 강인구

펴낸곳 | 세움북스
등 록 | 제2014-000144호
주 소 | 서울시 종로구 대학로 19 한국기독교회관 1010호
전 화 | 02-3144-3500
이메일 | cdgn@daum.net

디자인 | 참디자인

ISBN 979-11-93996-09-6 (03230)

모두를 위한
설교 시리즈
10

The EPISTLES to The THESSAL-ONIANS

오직 깨어 정신을 차릴지라

*

그리스도의 재림을 위한 준비, 데살로니가전후서 강해

이상웅 지음

세움북스

"청교도 개혁주의 전통에 굳게 서서 참된 교회를 추구해 오신
하늘영광교회 박순용 목사님과 교우들에게 본서를 헌정합니다.
2020년 여름 전교인 수련회를 통해 데살로니가전서 강해를
전했던 것이 본서의 마지막 토대가 되었습니다."

Recommendation

추천사

평소에 로마서 설교를 준비할 때 이상웅 교수님의 로마서 강해를 자주 읽으며 큰 유익을 얻었습니다. 이번에는 이 교수님의 데살로니가전후서 강해인 『오직 깨어 정신을 차릴지라』를 읽으면서 강해 설교의 정석을 배웠습니다. 흔히 조직신학자의 딱딱한(?) 이미지와는 달리 저자의 설교에는 따스한 목회적 권면이 곳곳에 녹아 있습니다. 이것은 아마도 저자가 이전에 담임 목회를 실제로 하면서 성도들을 사랑했던 마음이 전달되고 있기 때문이 아닐까 싶습니다.

바로 이 점 때문에 저는 저자의 설교에 더 매력을 느낍니다. 제가 평소에 추구하는 '정확한 본문 해석과 따스한 목회적 적용'을 이 책에서 풍성하게 발견할 수 있었습니다. 본문의 의미를 드러내기 위해 헬라어를 다룰 때는 신학자의 이미지를, 그리고 하나님의 말씀을 청중에게 쉬운 언어로 적용할 때는 목회자의 이미지를 느낄 수 있었습니다. 게다가 교회사에 잘 알려진 다양한 예화들과 저명한 설교자들의 통찰력 있는 문장들을 인용해서 본문의 의미를 더욱 풍성하게 드러내고 있습니다.

무엇보다 이 책은 주님의 재림을 어떻게 대비해야 하는지를 바울의 언어로 생생하게 느끼도록 해 줍니다. 1세기 당시 바울이 데살로니가 성도들에게 들려준 그 메시지가 21세기의 언어로 덧입혀져 우리에게 들리는 듯합니다. 그래서 하나님 나라와 주님의 재림을 자주 설교하는 저 같은 설교자들과 주님의 오심을 사모하는 모든 독자들에게『오직 깨어 정신을 차릴지라』를 기쁜 마음으로 추천합니다.

‖ 권율 (부산 세계로병원 원목, 『올인원 십계명』 저자)

이상웅 교수님이 데살로니가전후서 설교집을 출간했습니다. 이 교수님은 이미 발간했던 설교집들을 통해서도 목회자들과 독자들에게 큰 도전을 주셨는데, 이번 설교집도 기대를 저버리지 않는 것 같습니다. 이 교수님은 목회도 해 보셨고 신학 교수로도 학생들을 가르치고 있어서, 설교가 신학적이면서도 목양적입니다. 특히 이번 데살로니가전후서 설교는 종말에 대한 가르침이 핵심 주제로 다루어져야 하는데, 이 교수님은 한국 교회 종말론 전문가이므로 시의적절하게 한국 교회 상황에 잘 적용하고 있다고 생각합니다.

또한 메시지를 데살로니가 교회가 가진 특징들을 중심으로 일목요연하게 정리해 주고 있어 설교자들에게나 평신도들에게 바울이 전하고자 하는 의도를 분명하게 전하고 있습니다. 현대 신약 학자들이 구절들을 너무 쪼개서 이 서신들을 어렵게 만들고 있는데, 이 교수님은 명쾌하면서도 신학적으로 깊고, 목양적 적용도 잘하고 있습니다. 짧은 설교집이지만 큰 유익을 주는 책으로 확신하며 강추하는 바입니다.

‖ 김용주 (분당두레교회 담임목사)

저자의 설교를 눈으로 따라가다 보면 이천 년 전에 존재했던 데살로니가 교회가 바로 내 앞에 있는 것처럼 느껴집니다. 심지어 내가 데살로니가 교회의 성도라고 착각할 정도입니다. 그만큼 저자의 묘사는 생동감이 있습니다. 저자의 묘사 가운데 특히 기억에 남는 문장이 있습니다. 데살로니가 교회를 "스치듯이 지나치며 복음을 흩뿌린 교회"라고 표현한 부분입니다. 저는 이 문장이 이 강해서의 핵심이라고 생각합니다. 데살로니가 교회는 바울이 불과 3주 동안만 복음을 전했던 교회입니다. 그럼에도 불구하고 데살로니가 교회는 칭찬받는 교회, 영향력 있는 교회가 될 수 있었습니다. 바울이 흩뿌린 복음 때문입니다. 바울은 스치듯이 지나쳤지만, 복음만은 데살로니가를 스쳐 지나가지 않았습니다. 복음은 데살로니가에 뿌리를 내렸고, 열매를 맺었습니다. 우리는 이 강해서를 통해 데살로니가에 전해진 복음이 어떤 열매를 맺었는지 확인할 수 있습니다.

이 강해서의 또 다른 특징은 조나단 에드워즈나 마틴 로이드 존스와 같은 거장들의 문장을 곳곳에서 소개한다는 점입니다. 덕분에 우리는 거인들의 어깨 위에서 데살로니가전후서를 조망할 수 있습니다. 저자가 소개하는 일화들도 매우 흥미로웠습니다. 이상재 선생님, 무디 목사님, 그리고 윌리엄 윌버포스의 일화는 데살로니가전후서를 이해하는 데 큰 도움이 되었습니다. 저자가 성도의 헌신을 강조하면서, C. T. 스터드 선교사님의 말을 인용한 것이 기억에 남습니다. "한 번뿐인 인생 속히 지나가리라. 그러나 그리스도를 위해 한 일은 영원하리라" 이 책의 독자들이 한 번뿐인 인생을 그리스도께 바치는 자들로 변화되기를 소망합니다.

‖ 김태희 (부산 비전교회 담임목사, 『성경을 따라가는 52주 가정예배』 저자)

솔직하게 말해서, 저는 학자들이 하는 강해 설교에 대한 선입견이 있습니다. 본문에 대한 정확하고 치밀한 해설은 좋지만, 성도들의 삶과는 대체로 조금 동떨어진 피상적인 적용만을 제시하거나, 공동체적으로 생각해 볼 거리들이 거의 없는 개인주의적 해석이 많다는 선입견 말입니다. 그러나 기쁘게도 본서는 제 선입견의 완벽한 예외이며, 특별히 교회 공동체가 함께 생각해 보고 적용할 수 있는 묵상거리가 많은 장점을 가지고 있습니다.

진지한 평신도들에게도 더할 나위 없이 유익한 책이겠지만, 특히 목회자들에게 더욱 유익한 책이 될 거라 생각합니다. 본문이 교리를 거쳐 어떻게 공동체에 살아 있는 생생한 현실로 들어갈 수 있는지를 보여 주는 좋은 설교의 샘플이 될 것이라고 생각합니다.

‖ 이정규 (시광교회 담임목사, 『회개를 사랑할 수 있을까?』 저자)

이상웅 교수님의 『오직 깨어서 정신을 차릴지라』는 데살로니가전후서에 대한 친절하고도 깊이 있는 해설을 통해 오늘날 우리에게 살아 숨 쉬는 듯한 생생한 메시지를 전달하는 책입니다. 마치 옆에서 차근차근 설명해 주는 듯한 친절한 성경 교사의 면모와 신실한 주석 작업의 결과물이 고스란히 녹아 있어, 누구든 쉽게 이해하고 따라갈 수 있습니다. 저자의 방대한 독서와 성경 연구는 그의 오랜 목회와 교수 사역을 통해 성경 본문에 생기를 불어넣어, 독자들이 데살로니가 교회의 현장 속으로 직접 들어가는 듯한 생생한 경험을 제공합니다.

저자는 데살로니가 교회를 향한 바울의 가르침을 통해, 우리 주님께서 다시 오시는 '재림'을 준비하는 성도가 이 땅에서 어떻게 살아야 하는지, 또 교회가 무엇으로 살아야 하는지를 명확하게 보여 줍니다. 그리고 그리스도 안에서 새로운 삶을 시작한 성도들이 일상의 삶 속에서 어떻게 믿음을 지키고, 소망을 품고, 사랑을 실천해야 하는지에 대한 실질적인 지침을 제시합니다. 저는 이 책을, 데살로니가 전후서의 의미를 알고자 하는 일반 성도는 물론, 설교하고 가르치기 원하는 설교자에게 최고의 길잡이가 되어 줄 책으로 기쁘게 추천합니다. 늘 신실하게 말씀을 연구하고 그것을 아낌없이 나누어 주시는 교수님께 감사와 존경의 마음을 전합니다.

‖ 조영민 (나눔교회 담임목사, 『예수님을 만난 신약의 사람들』 저자)

저는 네 아이를 키우며, 아이들에게 요리해 주는 것을 참 좋아합니다. 아이들이 먹을 음식은 매우 섬세하게 준비해야 하는데, 맛과 영양 모두를 생각해야 하기 때문입니다. 맛이 없으면 아예 입에 대지 않고, 영양가가 없으면 사실 안 먹이느니만 못합니다. 동일한 원리로 만일 어떤 성도님이 저에게 "좋은 설교를 접하려면 어떻게 해야 합니까?"라고 묻는다면, 저는 맛(설교의 접근성과 친근함과 적용)과 영양(건전한 주해와 정통 신학의 적절한 조화)이 모두 들어간 설교를 들으셔야만 한다고 답해 드릴 것입니다. 문제는 우리가 이러한 설교를 접하기 쉽지 않다는 데 있습니다. 그러한 면에서 이상웅 교수님의 설교집은 참으로 가장 먼저 추천해 드릴 만한 건전하고 좋은 설교입니다.

교수님의 설교에는 조직신학자이자 성경의 사람(*homo unius libri*)으로서의 건전한 주해가 가장 밑바탕에 깔려 있습니다. 그 위에 오랜 목회의 경험을 통한 성도의 삶에 대한 이해와 접근이 있어, 그것이 어려운 성경 본문으로 쉽게 들어가게 해주는 좋은 통로가 됩니다. 특별히 이번 강해서의 본문인 데살로가전후서는 종말론에 관한 매우 중요한 텍스트입니다. 오랜 시간 신학교에서 종말론을 가르치신 교수님의 깊은 신학적 이해가 매우 필요한 본문들입니다. 교수님은 본서를 통해 데살로니가전후서를 매우 깊이 있게 풀어 주시고, 또 성도의 눈높이에 맞추어 본문을 잘 먹여 주십니다. 노련한 셰프(chef)의 맛 있고 건강한 한 상 차림이라 할 수 있겠습니다. 이 책을 많은 성도님들이 접하기를 바라며, 풍성하고 맛있는 균형 잡인 말씀의 잔치를 마음껏 누리셨으면 좋겠습니다.

‖ 최원일 (세빛개혁교회 담임목사, 『우울하고 불안한 그리스도인들에게』 역자)

Introduction

서문

본서는 바울의 서신 중 초기 서신에 속하는 데살로니가전후서 강해를 담고 있습니다. 학자들에 따라서는 갈라디아서가 바울의 첫 서신이라고 말하는 이들도 있고, 데살로니가전서가 첫 서신이라고 말하는 이들도 있습니다. 두 서신의 순서가 어떠하든 간에 분명한 것은 이 서신이 바울의 초기 서신에 속한다는 사실입니다. 바울의 2차 선교 여행을 통해 세워진 데살로니가(현재 테살로니키) 교회는 성령의 역사로 복음을 경험한 초기 공동체의 생생한 실재를 우리에게 잘 보여 주고 있기 때문에, 신앙론적으로나 교회론적으로 매우 흥미로운 교회입니다. 우리는 데살로니가 교회에 보낸 두 서신을 통해 초대 교회의 생동적인 신앙의 실체를 목도할 수가 있습니다. 그들은 그리스도 안에서 회심의 역사를 경험했고, 믿음의 수고, 사랑의 역사, 그리고 소망에 근거한 인내를 드러내는 생명 공동체였습니다. 또한 데살로니가 교회 안에는 말씀이 살아서 역사하고 있었고, 도시 내에서뿐만 아니라

아가야 지역에까지 믿음으로 소문난 교회였습니다.

또한 데살로니가전후서는 종말론적인 내용이 강조되고 있는 서신입니다. 복음을 처음 받은 공동체 가운데서 소천하는 이들이 생겨났을 때, 지식이 부족한 성도들은 앞서간 신자들이 장래 부활의 영광에 참여하지 못할 수 있지 않을까 하는 의혹을 가지고 슬퍼하기조차 했습니다. 이에 대해 바울은 재림과 부활 신앙에 대한 답을 데살로니가전서 4장에서 주고 있습니다. 특히 4장 17절에는 휴거(携擧)론의 근거가 될 법한 구절이 있습니다. 하지만 바울은 세대주의자들처럼 두 번의 재림을 말하면서 첫 번째 공중 강림 시 교회의 휴거가 있다고 말하지 않습니다. 두 서신에서 명확하게 발견되는 종말론은 공교회적인 종말 신앙, 즉 한 번의 재림, 한 번의 부활, 한 번의 심판이기 때문입니다. 바울은 주 안에서 죽은 자들은 재림 때 부활하게 되고, 그때까지 살아남은 자들은 몸이 홀연히 변화하여 부활체를 입게 될 것이라고 가르쳐 줍니다. 뿐만 아니라 데살로니가후서 2장에서는 주님의 재림 전에 반드시 선행하게 될 두 가지가 있다고 하는데, 하나는 대배교, 또 다른 하나는 불법의 사람이 나타날 것이라고 말합니다. 이 두 가지는 결국 동전의 양면과 같은 종말론적 요소들입니다. 대배교가 아무리 세계적이고, 불법의 사람이나 적그리스도가 아무리 활개를 친다고 해도, 그리스도의 재림 시에 그 모든 것은 순식간에 제압당하고 심판당하게 되리라는 것을 말씀해 주심으로 성도들이 미혹에 들지 않도록 경계해 주고 있습니다.

우리가 본 서신을 읽고 공부함을 통해서 확인할 수 있는 중요한 메시지 중 하나는 종말론적 신앙과 삶의 자세(혹은 자태)가 어떠해야 하는가일 것입니다. 본서의 제목 "오직 깨어 정신을 차릴지라"라는 데살로니가전서 5장 6절 하반절의 말씀에서 가져온 것입니다. 바울은 눈에 보이는 세상에 함몰되어 영적 감각 없이 살아가는 육신적 삶에 빠지지 않도록 깨어 있으라고 경고하고 있습니다. 주의 날이 언제 임할는지 알 수 없을 뿐만 아니라 임박할 수도 있기 때문에, 항상 깨어 있는 것이 지혜로운 삶의 자세라고 강조합니다. 바울은 주의 날이 임박함을 의식하고 깨어 있을 것을 강조하면서도, 종말론 신드롬이나 강박증에 빠져 게으른 자가 되어서는 안 된다고 가르칩니다. 오히려 각자 자신이 맡은 일을 하면서 자기의 수고로 먹고살 것을 강조했고, 나아가서는 자신의 수고로 맺은 열매로 선한 일을 하라고 권면하고 있습니다.

우리는 데살로니가전후서를 통해 성령의 역사와 말씀의 권세를 경험하고 있는 공동체를 보게 됩니다. 오늘날 지성주의, 감정체험주의, 실천주의 등의 환원주의에 빠져 있는 교회들은 다시 한번 데살로니가 교회를 주목하여 배우고 이러한 교회가 되게 해 달라고 부르짖을 필요가 있습니다. 또한 종말론의 줄거리와 종말론적인 신앙은 어떠해야 하는가에 대해서도 집중적으로 살펴보아야 합니다. 성경을 만화와 소설로 만드는 극단적인 종말론의 위험을 피하고, 올바른 마라나타 신앙을 정립하는 데 있어서 이 데살로니가전후서는 유익한 길잡이가 되어 줄 것입니다. 마르틴 루터는 1513-1515년 어간에 강의한 시편 강의에서 "은혜 시대 전체는 미래의 영광과 그리스도의 재림을 위한 준비"라고 적시한 후에, "그러므로 그리스도는 우리에게 깨어 대비하고 자기를 기다리라고 명령"하신다고 일갈해 주었습니다. 필자는 오늘날 한국 교회와 신자들에게 절실하게 요청되는 것이 바른 종말론의 정립과 종말론적인 신앙의 자태를 가지는 것에 있다고 믿어 의심치 않습니다.

본서는 데살로니가전후서를 열두 편으로 나누어 강해했던 원고를 수정 및 보완한 것입니다. 대구 산격제일교회에서 담임 목회를 하던 때에 데살로니가전서를 강해 설교했었고, 2020년 코로나19가 범람하던 시기에 서울 암사동 소재의 하늘영광교회 전교인 수련회에서 다시 한번 이 본문을 가지고 말씀을 전하면서 원고를 마무리 지을 수 있었습니다. 데살로니가후서 강해 네 편은 바로 이어서 지인들과의 나눔을 위해 매주 말씀을 준비하고 녹음한 것을 취합하여 작성한 원고입니다. 덕분에 데살로니가전후서 전체를 강론할 수 있었습니다. 따라서 본서를 청교도 목회를 추구해 오신 박순용 목사님과 하늘영광교회 교우들에게 헌정하는 것이 마땅하다고 생각합니다. 20여 년을 직접 인도했던 전교인 수련회에 첫 외부 강사로 필자를 초대했다고 하신 말씀이 아직도 잊히지 않습니다. 또한 본서를 〈모두를 위한 설교〉 시리즈의 하나로 출간해 주신 세움북스 강인구 장로님께 감사를 드리며, 본서를 편집하고 교정해 준 세움북스 식구들에게도 감사의 인사를 전합니다. 또한 분주하고 바쁜 중에도 기꺼이 추천사를 써 주신 여러 목사님들께 감사의 마음을 전합니다. 아울러 필자의 사역을 위해 늘 기도해 주시는 가족 친지들과 지인 성도들에게도 감사하고, 아내 김영신과 아들 이진희에게도 감사의 마음을 전합니다. 바라건대 본서가 종말론적 혼미함 가운데 있는 조국 교회와 교우들에게 선한 유익을 끼치기를 바랍니다.

2024년 2월 15일
총신 117회 졸업식 날에
이상웅 자서(自序)

Contents

목차

2부 • 데살로니가후서

1부

§

데살로니가전서

1 THESSALONIANS

01 믿음으로 소문난 교회

살전 1:1–10

우리가 흔히 잘 알듯이 장사도 입소문이나 광고를 통해서 소문이 좋게 나야 흥왕할 수 있습니다. 맛집이라고 소문이 나면 먼 곳에서도 사람들이 찾아옵니다. 칼국수, 막국수를 먹으러 서울에서 강원도까지 가는 사람들도 있고, 회를 먹기 위해서 동해안을 찾아가는 이들도 많습니다. 서울의 어떤 식당은 삼겹살을 먹으려면 줄 서서 기다려야 하기도 하고, 가창의 그 많은 찐빵집 가운데 유독 어느 찐빵집 앞에만 사람들이 줄을 서서 기다리는 것을 보기도 합니다. 소문이 이렇게 중요한 것입니다.

교회도 이와 같이 소문이 난 교회들이 있습니다. 제자 훈련으로 유명한 사랑의교회가 있고, D12로 유명한 부산 풍성한교회가 있습니다. 셀 교회, 가정 교회 운동으로 유명한 교회도 있고, 다른 프로그램은 거의 돌리지 않으면서 오직 강해 설교에 집중하는 서울 남포교회나 대구 동부교회 같은 교회도 있습니다. 서울에 감자탕교회라고 하는 교회가 있습니다. 광염교회가 본명인데, 교회 간판보다 감자탕집 간판이 더 크게 보여서 감자탕교회로 불리기 시작했습니다. 이 교회는 사회봉사 활동을 많이 하는 교회입니다. 요즘은 어떤지 모르겠지만, 예전에는 매주 교회 재정에서 100만 원 이상을 남기지 않고 다 써 버리는 교회로 유명했습니다. 한국 교회 역사를 거슬러 올라가 보면 더욱더 성경적으로 기상이 높은 교회들이 있었습니다. 평양에 있던 장대현교회는 한국의 오순절이라고 하는 1907년 1월 평양 대부흥의 산실로 유명합니다. 장로님들을 비롯하여 민족 독립운동의 지도자들을 배출한 교회로도 이름나 있을 뿐 아니라, 신사참배를 거부했다는 이유로 순교당한 주기철 목사님을 비롯하여 일제 당국의 명령을 거부하다가 교회당 문을 닫게 된 교회이기도 합니다. 신앙의 정절이 있는 교회였습니다. 지금도 그 역사적 전통을 이어 가는 산정현교회가 서울에 있습니다.

그러면 이제 우리 자신에게 물어보겠습니다. 우리 교회는 어떻게 소문이 나 있습니까? 혹은 어떤 소문이 나기를 원합니까? 악한 소문이나 근거 없이 부풀어진 소문은 문제가 되겠지만, 좋은 소문과 근거 있는 소문이 나는 것이 필요합니다. 그것이 하나님을 기쁘시게 하는 일일 뿐만 아니라 좋은 전도의 방법입니다. 우리는 데살로니가에 보낸 바울의 편지를 통해서 우리가 주목하고 본받아야 할 교회의 모습을 발견하게 됩니다. 제목처럼 믿음으로 소문난 교회가 될 수 있기를 간절히 사모합시다.

믿음으로 소문난 교회(7-10)

우리는 초대 교회 가운데서 믿음의 소문이 났던 교회, 바로 데살로니가 교회에 대해 살펴보고 있습니다. 데살로니가는 현재 그리스 북부의 테살로니키(Thessaloniki)라는 지명으로 불리는 지역입니다. 현재 인구 32만 명쯤 되며, 아테네 다음으로 큰 그리스의 2대 도시입니다.

데살로니가전서 1장 8절을 보면 "주의 말씀이 너희에게로부터 마게도냐와 아가야에만 들릴 뿐 아니라 하나님을 향하는 너희 믿음의 소문이 각처에 퍼졌으므로 우리는 아무 말도 할 것이 없노라"라고 바울은 칭찬하고 있습니다. 데살로니가 교회는 사도 바울의 2차 선교 여행 때 빌립보 교회 다음으로 세운 교회입니다. 사도행전 17장 1절 이하를 보면 사도 바울은 데살로니가에 와서 불과 3주밖에는 복음 전할 기회를 얻지 못했습니다. 유대인들이 워낙에 거세게 들고 일어나 핍박했기 때문에 바울은 부득불 베뢰아로 떠날 수밖에 없었습니다. 그런데 그렇게 스치듯이 지나치며 복음을 흩뿌린 교회임에도 불구하고 데살로니가에 교회가 세워졌을 뿐만 아니라, 그들의 믿음이 마게도냐와 아가야 지방을 넘어서 각처에 소문이 날 정도가 되었다고 바울은 칭찬하고 있습니다. 참으로 놀라운 일이 아닐 수 없습니다.

사도 바울이 얼마나 놀라고 있는지, 8절 "주의 말씀이 너희에게로부터 마게도냐와 아가야에만 들릴 뿐 아니라"에서 '들린다'라는 뜻의 단어 '엑세케오'(에코)를 사용했습니다. 이 단어에서 흔히 우리도 사용하는 '에코'(메아리)라는 단어가 나왔습니다. 이 단어는 천둥 번개나 트렘펫처럼 울려 퍼지는 것을 가리킵니다. 다시 풀어서 설명을 드리면, 데살로니가 성도들에게서 가서 부딪쳐서 메아리처럼 반향되어 오는 하나님의 말씀이 천둥 소리처럼 마게도냐와 아가야 지방까지 들려온다는 표현을 쓰고 있습니다. 즉, 데살로니가 교회의 소문이 그 남부 아가야 지방에 있던 바울의 귀에까지 요란하게 들려온다는 말입니다. 소문이 얼마나 요란하게 났으면 이렇게 말씀하는 것일까요?

그뿐만 아니라 7절을 보면, 사도 바울은 데살로니가 교회가 마게도냐와 아가야에 있는 모든 믿는 자에게 본(typos)이 되었다고 칭찬하고 있습니다. 믿은 지 얼마 되지도 않은 신생 교회가 모든 믿는 자의 본이 되고 있다는 말은, 소위 '모델 처치(model church)가 되고 있다', '따라가야 할 본(example)이 되고 있다'라는 것을 의미합니다. 더러들 선진 교회 탐방이라는 타이틀을 걸고 유명한 교회들을 다녀온 경험이 있을 겁니다. 그런 것처럼 데살로니가 교회가 마게도냐와 아가야 지역에 있어서 모델 처치가 되고 있다고 바울이 칭찬하는 것입니다. 데살로니가 교회의 소문이 얼마나 강력하게 들려오는지 그리스 남부 고린도에 머물고 있던 바울의 귀에까지도 생생하게 전달되었습니다. 그리고 그 소문의 내용이 얼마나 정확한지 자신들은 아무 할 말도 없다고(8절 b) 고백합니다.

그러면 마게도냐와 아가야 지방에 들려오고 바울의 귀에까지 선명하게 전해진 소문의 진상이 무엇입니까? 9절과 10절을 읽어 보겠습니다.

> 그들이 우리에 대하여 스스로 말하기를 우리가 어떻게 너희 가운데에 들어갔는지와 너희가 어떻게 우상을 버리고 하나님께로 돌아와서 살아 계시고 참되신 하나님을 섬기는지와 또 죽은 자들 가운데서 다시 살리신 그의 아들이 하늘로부터 강림하실 것을 너희가 어떻게 기다리는지를 말하니 이는 장래의 노하심에서 우리를 건지시는 예수시니라 (9-10절)

데살로니가 지역에는 황제 숭배, 디오니수스, 세라피스, 이시스, 제우스, 아프로디테, 데메테르, 특히 카비루스 제의가 있었습니다. 다신론적인 문화 속에 그들은 살았습니다. 온갖 우상과 미신을 섬기던 이방인들이었습니다. 그런데 그랬던 이들이 바울이 전한 복음을 듣고서는 우상을 버리고, 하나님께로 돌아와 살아 계시고 참되신 하나님만을 섬기기로 결단하고 실행한 것입니다. 뿐만 아니라 그리스 사람들은 도무지 믿지 않았던 바 죽은 자의 부활을 믿게 되고, 죽으시고 부활하시고 승천하신 하나님의 아들 예수 그리스도의 재림을 대망하는 신앙을 가지게 되었다는 것입니다.

본문 9절과 10절에 기록된 이 내용은 바로 진정한 회심의 요건들입니다. 기존에 자신이 섬기던 우상을 버리고 하나님께로 돌아와서 하나님만 섬기게 되는 역사가 일어나는 것, 그것이 진정한 회심입니다. 그리고 예수 그리스도의 재림을 대망하는 주바라기 신앙을 가져야 합니다. "내가 주인 삼은 모든 것 내려놓고, 내 주 되신 주 앞에 나와 내가 사랑했던 모든 것 내려놓고 주님만 의지해…." 그것이 참 회심이요 중생의 역사를 체험한 것입니다. 우리 모두가 이런 역사를 경험한 사람들이기를 바라고, 우리 주변 사람들에게도 이런 진정한 회심의 역사가 빈번하게 일어나게 해 주시기를 하나님께 간구합니다.

너희의 택하심을 아노라(1-4)

사도 바울은 이처럼 데살로니가에 대한 소문을 듣고서 급히 데살로니가전서를 쓰게 됩니다. 아직 믿은 지 얼마 되지 않은 교회, 그러나 놀라운 믿음의 성장을 보여 주는 교회에 편지를 쓰는 것입니다. 우선 1절을 보면 바울은 "하나님 아버지와 주 예수 그리스도 안에 있는 데살로니가인의 교회에 편지하노니"라고 말씀하고 있는 것을 보게 됩니다. 데살로니가에 사는 사람들이 모이는 교회이기에 데살로니가인의 교회라는 지리적인 명칭을 썼습니다. 그러나 그러한 지리적인 차이를 넘어서서 그들이나 우리나 모든 교회들의 공통점이 무엇입니까? 바울이 말하는 대로 교회는 "하나님 아버지와 주 예수 그리스도 안에 있는" 존재라고 하는 것입니다. 즉, 세워진 지 얼마 되지도 않는 데살로니가 교회가 그 많은 환난과 박해 중에도 든든히 세워져 가고, 참 은혜의 역사를 체험할 뿐만 아니라 믿음으로 소문난 교회가 될 수 있었던 비결은 그 교회가 인간적인 기구나 단체가 아니라 하나님 아버지와 주 예수 그리스도 안에 뿌리를 내리고 있기 때문입니다. 교회를 세우시고, 책임지시고, 음부의 권세가 이기지 못하게 하시는 분은 주님이시지 바울이나 다른 사람이 아닙니다. 어떤 분은 이 "안에 있다"라는 표현을 두고 다음과 같이 말했습니다.

> 이처럼 성도들이 하나님 안에 있다고 하는 표현은 매우 넉넉하고 여유 있는 표현입니다. 바울은 데살로니가 교인들의 소식을 전해 듣고 그들이 하나님의 크고 넓은 은혜의 커다란 풀(pool) 안에 넉넉하게 안겨서 신앙생활을 하는 모습을 상상하고 있는 것입니다. 그렇습니다. 우리 성도들은 우주를 만드신 크고 위대하신 하나님, 크고 깊은 사랑으로 우리를 사랑하시는 하나님의 품 안에 넉넉하게 안겨서 생활하는 자들이 되어야 합니다.[1]

그리고 2절은 바울이 데살로니가 교회로 인하여 어떤 마음을 가지게 되었는지를 이렇게 고백하고 있습니다.

> 우리가 너희 모두로 말미암아 항상 하나님께 감사하며 기도할 때에 너희를 기억함은 (2절)

바울은 데살로니가 교회를 항상 기억하고 있고, 그들을 위해서 하나님 앞에 기도하되, 감사하며 기도하고 있다고 밝힙니다. 바울이 수고하여 동일한 복음을 전파하여도 고린도 교회나 갈라디아 교회처럼 피 눈물 나게 만든 교회들도 있었습니다. 그러나 데살로니가 교회나 빌립보 교회를 생각할 때는 감사함으로 기도하고 있습니다. 가슴 아파하면서 이를 악물고 축복하게 만드는 교회가 아니라, 생각만 하면 기쁘게 기억할 것이 많고, 감사할 것이 많은 교회, 가슴 아파 우는 것이 아니라 너무 기뻐서 울게 만드는 교회들이 있었습니다.

사도 바울은 데살로니가 교회를 생각하면 기쁨이 넘치고 감사가 넘쳤습니다. 바울 자신은 지극히 적게 수고하여 복음을 전했을 뿐인데, 더군다나 많은 박해를 당하면서도 너무나 풍성한 열매를 맺고 있는 이 교회를 바라보면서, '이것은 내 작품이 아니다', '내 수고의 결과가 아니다', '이것은 인간적인 결과가 아니다'라는 것을 유감없이 인정하게 됩니다. 바울은 이와 같은 하나님의 주권적인 역사를 인식하고 4절에서 이렇게 표현합니다. "하나님의 사랑하심을 받은 형제들아. 너희를 택하심을 아노라." 바울의 말대로 하나님의 사랑을 받았기에 사탄이 지배하던 데살로니가 같은 이방 도시에서 하나님의 교회가 세워지고 그렇게 견고한 신자들이 생겨나게 된 것입니다. 그런데 문제는 "너희를 택하심을 아노라"라는 바울의 선언은 충격적이라는 것입니다. 왜냐하면 누가 하나님의 택정함을 받았는지, 누가 중생했는지 안 했는지 정확하게 판단할 권한이 인간에게는 없기 때문입니다. 성경적인 예정론을 주창한 아우구스티누스나 칼뱅도 누가 예정되고, 예정되지 않았는지를 함부로 말할 수 없다고 했습니다. 심지어 바울조차도 함부로 이런 표현을 사용하지 않았습니다. 그는 아무나 보고 "너희가 선택된 것을 아노라"라고 말하지 않았습니다. 그러나 바울이 넘치는 확신으로 이런 말을 할 때는 그 이유가 있습니다. 본문에 보면 두 가지 이유, 그러한 판단의 근거를 보게 됩니다.

바울이 데살로니가 교회 교인들을 보고 하나님의 사랑을 받았을 뿐만 아니라 선택된 백성이라고 확신하면서 선언하는 첫 번째 이유는 3절에 기록되어 있습니다.

> 너희 믿음의 역사와 사랑의 수고와 우리 주 예수 그리스도에 대한 소망의 인내를 우리 하나님 아버지 앞에서 끊임없이 기억함이니 (3절)

믿음, 소망, 사랑, 한자로 신망애(信望愛), 이 세 가지는 기독교의 삼주덕이라고 불립니다. 바울 서신에 자주 등장하는 삼총사입니다. 칼뱅은 이 세 가지를 "참된 기독교에 대한 정의"(a brief definition of true Christianity)라고 말했습니다. 그리고 믿음의 역사라는 것은 믿음에 근거해서 역사함, 즉 선행으로 열매 맺는 데로 나아감을 말합니다. 행위로 구원받을 자는 없습니다. 그러나 그리스도의 생명으로 거듭나서 참된 믿음이 있는 자라면 믿음에 합당한 선행을 할 수 있게 되는 것입니다. 그래서 야고보는 행함이 없다면 죽은 믿음이라고 선언하는 것입니다.

두 번째로 사랑의 수고라고 하는 것은 사랑하기에 수고하는 것을 말합니다. '수고'라고 번역한 '코포스'(kopos)라는 단어는 너무나 많이 힘이 들고 지치고 곤한 정도로 수고함을 의미합니다. 이는 다른 사람들을 사랑하기 위해서 치루는 대가를 말합니다. 수고하지 않는 사랑은 감상에 불과합니다. "눈으로 사랑을 그리지 마세요. 입술로 사랑을 말하지 마세요"라는 복음송의 가사처럼 말입니다. 바울이 사용한 사랑은 에로스나 필리아나 스톨게가 아니라 아가페 사랑입니다. 하나님께서 무가치한 인생들에게 값없이 최대한 사랑하시는 사랑을 말합니다. 그러한 사랑을 받은 자로서 다른 사람들에게 이익이나 대가를 바라지 않고 사랑하려면 영육 간에 수고가 따를 수밖에 없습니다. 그런데 데살로니가 교인들은 사랑의 수고를 치루고 있었다는 것입니다.

세 번째로 그들에게는 "우리 주 예수 그리스도에 대한 소망의 인내"가 있었습니다. 주 예수 그리스도에 대한 소망, 즉 그의 재림하심과 그가 가지고 오실 천국의 영광을 대망하기에 현재 삶이 어렵고 힘들어도 꿋꿋이 참고 견뎌 내는 인내의 열매를 산출하고 있었습니다. 미래에 대한 소망이 없는 자들은 현재에 충실하게 살아갑니다. 젊은 세대들 가운데는 '미래는 미래고, 현재 잘먹고 잘살자, 즐기자' 주의가 만연합니다. 무라카미 하루키가 유행시킨 '소확행'(A Small Good Thing)이라는 용어가 현 세태를 잘 보여줍니다. 하지만 그리스도 예수의 재림에 대한 소망을 가진 그리스도인들은 데살로니가 교인들처럼 인내하는 삶을 살게 됩니다. 우리는 바울 사도가 "인내를 말하고 있는 것으로 보아서 인내가 필요한 상황이 있음을 쉽게 상상할 수 있습니다. 환란과 어려움이 뒤따를 것을 예상할 수 있다는 말입니다. 인내라는 말은 수동적이고 조용한 태도로 물러남을 뜻하는 것이 아니라 군인에게서 발견할 수 있는 태도를 염두에 둔 표현입니다. 군인들이 적극적이고, 강하며, 담대한 마음을 가지고 훈련과 고달픈 전투를 견뎌내듯이 현실 속에서 만나는 어려움을 담대하게 이겨 내는 태도를 인내라는 단어가 표현하고 있습니다."[2]

바울은 이와 같은 믿음의 역사, 사랑의 수고, 소망에 근거한 인내와 같은 성령의 열매들이 데살로니가 교회 성도들 가운데서 왕성하게 나타나는 것을 보고서 그들이 하나님께 선택받은 것이 확실하다는 것을 선언할 수 있었던 것입니다. 조나단 에드워즈(Jonathan Edwards, 1703–1758)의 말처럼 체험이나 감정 혹은 청산유수 같은 말보다 우리의 변화된 삶이 자신에게도, 타인에게도 거듭난 신자, 택함받은 자라는 건전한 증거가 되는 것입니다.[3]

말씀과 성령으로 세워진 교회(5–6)

사도 바울이 데살로니가 교회 성도들이 하나님의 선택받은 백성들이라고 확언하는 두 번째 이유는 5절과 6절에 있습니다. 말씀을 전하는 바울 자신과 말씀을 듣는 데살로니가 교인들 속에 말씀과 성령의 역사가 왕성하게 나타났다는 것입니다. 말씀과 성령으로 기초를 놓고 세워진 교회라는 것입니다. 사도 바울이 말씀을 전해도 아덴에서와 같이 튕겨 나가는 경우들이 있습니다. 하지만 5절을 보시면 "이는 우리 복음이 너희에게 말로만 이른 것이 아니라, 또한 능력과 성령과 큰 확신으로 된 것이니"라고 하듯이 데살로니가 교회에서는 말씀을 전할 때 사도 바울은 그가 단지 말씀만 전하고 있는 것이 아니라 성령이 그의 설교를 붙들어 사용하고 계신다는 것을 느낄 수 있었습니다. 소위 에드워즈나 로이드 존스(David Martyn Lloyd–Jones, 1899–1981) 같은 청교도 전통에 선 이들이 말하는 바 설교 사역 위에 성령의 기름 부으심이 나타난 것입니다. 마틴 로이드 존스는 이렇게 말했습니다.

> 성령이 임하신 것을 어떻게 알 수 있는가? 설교자 자신의 인식에 나타난다. 성령으로 충만해졌는데 본인이 그것을 모를 수는 없다. 바울은 큰 확신이 있었고 자신에게 능력과 권세가 덧입혀졌음을 알았다. 우리는 어떻게 그것을 알 수 있을까? 설교하는 가운데 생각이 명료해지고 언어가 명료해지며 말하기가 수월해지고 권위와 자신감이 크게 느껴질 때, 말할 수 없는 기쁨이 넘쳐날 때 알 수 있다. 그러면 성령께 사로잡힌 것이며 붙잡힌 것이고 붙들린 것이다. 실제로 자기가 설교하고 있는 것이 아니라 남이 설교하는 장면을 보고 있는 듯한 느낌이라고 할 수 있다.[4]

바울은 그러하기에 고린도전서 2장 4절과 5절에서도 "내 말과 내 전도함이 설득력 있는 지혜의 말로 하지 않고 다만 성령의 나타나심과 능력으로 하여 너희 믿음이 사람의 지혜에 있지 않고 다만 하나님의 능력에 있게 하려 하였노라"라고 고백하고 선언했던 것입니다. 저의 목회 사역, 설교 사역 위에도 이와 같은 성령의 역사, 성령의 기름 부으심을 갈망합니다.

바울이 성령의 충만함으로 확신 있게 말씀을 증거할 때 데살로니가 교인들 가운데서 어떤 역사가 일어났는지 본문 6절에 보면, "또 너희는 많은 환난 가운데서 성령의 기쁨으로 말씀을 받아 우리와 주를 본받은 자가 되었으니"라고 말씀합니다. 바울에게 역사하셨던 성령께서 데살로니가인들이 말씀을 들을 때 동일하게 역사하셔서 말로 표현할 수 없는 기쁨을 주셨습니다. 성령의 역사로 경험하게 된 기쁨입니다. 로마서 14장 17절을 보면 성령 안에서 현재하는 하나님의 나라는 "의, 희락, 화평", 세 가지로 구성된다고 했습니다. 성령의 기름 부으심이 설교를 듣는 회중 가운데 임하면 어떤 일이 일어나는지 로이드 존스는 이렇게 말합니다.

> 회중도 성령의 나타남을 즉각 감지한다. 그들은 압도되며 진지해지고 죄를 깨달으며 감동받고 겸손해진다. 죄의 깨달음에 짓눌리든지 천국으로 들려 올라가든지 간에 모든 사람이 영향을 받게 되어 있다. 사람들은 무언가 평상시와 다른 특별한 일이 일어났음을 즉각 인지하게 된다. 그 결과 하나님이 하신 일들을 기뻐하기 시작하며 더 많은 가르침을 갈망하게 된다.[5]

성령 안에서 기쁨을 누리게 되니 많은 환난 중에도 말씀을 수용하고 환영하게 됩니다. 그리고 순간적인 현상으로 끝나는 것이 아니라 그들이 바울과 그리고 예수 그리스도를 닮는 자가 되는 데까지 나가게 만들었습니다. 철저한 변화가 일어나고, 열매 맺음이 일어나게 된 것입니다. 새사람이 되고 새로운 삶을 살아가는 역사가 일어나게 되었습니다.

우리 각자가 속한 지교회 가운데도 이러한 믿음의 역사가 실제로 왕성하게 일어나게 되기를 원합니다. 우리 교회도 믿음으로 소문난 교회가 되기를 원합니다. 살펴본 본문과 같이 우리가 하나님 아버지와 주 예수 그리스도 안에 있는 교회라고 할진대 회심과 중생의 역사가 분명한 교회가 되기를 원합니다. 우상을 버리고 살아 계신 하나님께로 돌아오는 분명한 유턴의 체험들이 있기를 바랍니다. 그리고 믿음에서 나온 선행, 사랑에 근거한 수고, 소망하기에 인내함으로 열매 맺는 교회가 되기를 원합니다. 또한 말씀 사역이 말로만 아니라(지혜, 논리, 웅변) 성령의 기름 부으심, 권능 입히심, 큰 확신 가운데 이루어지기를 사모합시다. 말씀을 듣는 우리의 자세도 같은 성령의 역사로 기쁨으로 듣게 되기를 원합니다. 변화로까지 이어지는, 소중한 것을 내려놓기까지 하는 자세는 성령의 역사로 주어지는 진정한 기쁨이 있어야만 가능합니다. 이런 은혜들이 넘쳐나게 될 때 우리는 자신이 하나님의 사랑을 받은 자요, 선택받은 백성이라고 하는 분명한 확신을 가질 수 있게 될 것입니다. 그뿐만 아니라 시온의 영광이 빛나는 교회, 믿음으로 소문난 교회로서 살고 있는 지역과 도시 가운데 우르르 쾅쾅 하는 천둥 번개처럼 울려 퍼지는 것을 경험하게 될 것입니다. 이러한 진실한 은혜의 역사를 우리가 피차 사모하기를 바랍니다.

02 말씀이 역사하는 교회

살전 2:1-16

제가 대구에서 목회할 때, 교회가 신천 강변에 위치해 있었습니다. 그 강변을 따라 올라가다 보면 많은 교회들이 있었는데요. 다 세어 보지는 못했지만 강 바로 곁이나 강에서 가까운 곳에 위치한 교회만 해도 수십 개는 되지 않았을까 합니다. 저는 이 신천 강변을 생각하면서 "주여, 이 신천 강변에 노샘프턴(Northampton) 부흥이 반복되게 하옵소서"라고 기도한 적이 있습니다. 노샘프턴은 미국의 매사추세츠주의 서쪽 끝에 위치하고 있는 작은 도시인데, 코네티컷(Connecticut)이라는 강이 그 도시를 지나가고 있습니다. 1734-35년에 노샘프턴 마을에 강력한 성령의 부어 주심이 있고 나서, 강을 타고 내려가며 수십 개의 마을에 동일한 성경의 불이 붙었습니다. 그래서 이것을 가리켜 코네티컷강 계곡의 부흥이라고 부릅니다. 우리가 위치한 신천 강변의 수십 개 교회들 속에도 동일한 성령의 역사가 일어나기를 기도합시다.

저의 박사 학위 논문 속에도 요약되어 있는[6] 이 노샘프턴 부흥 때 일어났던 일에 대해 나누어 보고자 합니다. 마을에 성령이 가득히 부어지자 이곳저곳에서 회심의 역사가 왕성하게 일어났습니다. '퀸카'라고 할 수 있는 젊은 여성이 회심을 했고, 마을 전체가 남녀노소, 빈부귀천을 막론하고 종교의 위대한 일들과 영원한 세계에 대한 크고도 엄숙한 관심을 가지게 되었습니다. 사람들은 모이기만 하면 말씀과 신앙에 관한 것 외에 다른 것을 대화의 소재로 삼지 않았습니다. 심지어 결혼식장에서조차도 신앙적인 대화를 나누곤 했습니다. 에드워즈에 의하면 노샘프턴 부흥 사건의 최절정은 1735년 봄과 여름입니다.

> 1735년 봄과 여름에는 하나님의 임재가 온 동네에 가득해 보였다. 마을이 그처럼 하나님의 사랑과 기쁨, 그러면서도 고뇌로 가득찬 적은 없었다고 한다. 거의 집집마다 하나님이 임재하신 놀라운 표시가 있었다. 그것은 가족들에게 임한 구원으로 인한 기쁨의 시기였다. 하나님의 역사는 성전에서도 일어나고 있었다. 주의 날 모이기를 힘쓰고, 공중 예배는 아름다웠고 회중은 예배드릴 때 생기로 넘쳤다. 성도들은 목사의 전하는 말을 한마디도 놓치지 않으려고 주의해서 들었고, 고뇌로 울기도 하고 기쁨과 사랑으로 울기도 했다. 공중 찬양도 활기를 띄게 되었다. 이제는 정말 전에 없던 넘치는 마음과 음성으로 노래를 불렀기 때문에 찬양은 실로 즐거운 일이 되었다.[7]
>
> 이 마을에서 성령의 역사의 절정은 이른 봄, 즉 3월과 4월이었다.

이 무렵에는 우리 중에서 대개 하루에 네 영혼, 일주일에 거의 30명이 회심하는 일이 대여섯 주간 계속되었다. 하나님이 그처럼 놀라운 방식으로 역사하실 때는 보통 때 같으면 사람들이 동원할 수 있는 모든 노력을 다 동원하고 일상적인 축복을 다 사용해서 1년간 일해야 이룰 수 있는 정도의 사역이 단 하루 이틀만에 완수되었다.[8]

사랑하는 성도 여러분! 어떻습니까? 참 부러운 일 아닙니까? 이것이 바로 시온의 영광이 빛나는 교회의 모습인 것입니다. 특별히 말씀의 능력을 체험하는 교회가 되는 것입니다. 오늘 본문 속에서도 우리는 데살로니가 교회 가운데 하나님의 말씀이 역사하시는 교회의 모습을 확인하게 됩니다.

말씀이 역사하는 교회

우선 2장 13절 말씀을 살펴보겠습니다.

이러므로 우리가 하나님께 끊임없이 감사함은 너희가 우리에게 들은 바 하나님의 말씀을 받을 때 사람의 말로 받지 않고 하나님의 말씀으로 받음이니 진실로 그러하도다. 이 말씀이 또한 너희 믿는 자 가운데에서 역사하느니라 (13절)

그리고 이어지는 14-16절을 보면 그들은 유대 지역에 살고 있는 그리스도인들처럼 동족들에게서 고난을 받으나 인내하며 견디고 있다는 칭찬을 받았습니다. 하나님의 말씀이 그들 속에 들어가니 그 말씀 때문에 일어난 고난조차도 감내해 낸 것입니다. 이는 실로 놀라운 변화요 말씀의 능력입니다.

13절을 보면 우선 바울은 데살로니가 교인들을 생각하면서 하나님 앞에서 끊임없는 감사를 드리고 있습니다. 눈물의 탄원과 비분강개가 느껴지는 것이 아니라 생각만 하면 기쁘고 감사하게 만드는 성도들이었습니다. 바울은 무엇 때문에 그와 같이 끊임없는 감사를 드렸던 것일까요? 이어지는 말씀은 데살로니가 교인들이 바울을 통해서 전해진 말씀을 사람의 말이 아니라 하나님의 말씀으로 받았기 때문이라고 하고 있습니다. 그들은 바울이 전하는 말씀을 인간의 사상이나 의견으로 받지 않고 하나님의 말씀으로 받아들였습니다. 우리가 하나님의 말씀이라고 할 때 원말씀은 로고스이신 예수 그리스도이며, 예수님의 말씀이 선지자와 사도들을 통하여 기록된 말씀이 곧 성경입니다. 그리고 그 성경 말씀에 바탕하여 선포되는 말씀, 즉 설교도 하나님의 말씀입니다. 물론 설교를 잘못할 수도 있습니다. 하지만 기록된 계시의 말씀에 바탕으로 설교를 바르게 선포할 때는 이것을 하나님의 말씀으로 들어야 하며 인간의 말로 들어서는 안 됩니다.

극단적인 예를 하나 들어 보겠습니다. 19세기 미국의 어느 돈

많은 부자가 돈을 더 벌어 보겠다고 양조장 건물을 지어 놓고 개업 예배에 무디(D. L. Moody, 1837–1899) 선생을 설교자로 청했습니다. '그가 과연 와 줄까?' 하고 걱정했는데, 무디 선생이 예배를 인도하려고 와 주었습니다. 그런데 무디가 설교를 마친 후 뭐라고 기도를 했느냐면, "이 양조장, 당장 망하게 해 주십시오. 돈 버는 것은 잊어버리고 하나님의 영광을 드러내는 장소가 되고 집이 되게 해 주십시오"라고 기도하고 "아멘"까지 해 버리는 것이었습니다. 우리 같으면 이런 상황에서 화가 났을지도 모릅니다. 남의 사업장에 와서 이게 뭐하는 짓이냐고 하면서 말입니다. 하지만 그 부자는 무디의 설교와 기도를 통해서 하나님의 말씀을 들었습니다. 그래서 양조장을 헐어 버리고 교회를 지었다고 합니다.

데살로로니가 교인들은 바울에게서 복음 전파와 설교를 들을 때 바울의 말로 듣지 않고 하나님의 말씀으로 들었습니다. 그리고 13절 하반절을 보면 하나님의 말씀의 역사를 체험하였다고 합니다.

이 말씀이 또한 너희 믿는 자 가운데에서 역사하느니라 (13절b)

여기서 '역사한다'라는 말은 교회사, 세계사 할 때 그 역사가 아닙니다. 이것은 초자연적인 하나님의 능력이 효과적으로 나타나서 활동하고 열매를 맺는 것을 말합니다. 사탄의 능력도 역사한다고 표현하지만, 하나님의 능력의 역사에 비할 수가 없습니다. 설교할 때, 이 설교가 그냥 귀잔등을 스치고 지나가는 소리나 머릿속에 담아 생각해 볼 만한 좋은 가르침에 머문 것이 아니라 그 영혼 속에 들어가서 살려 내고 거듭나게 하시는 역사를 일으키는 것입니다. 그래서 죽음에서 생명으로, 사탄의 권세에 매인 자가 하나님께 순종하는 자가 되는 역사가 일어나게 된 것입니다.

우리나라 민족 지도자 중에 월남 이상재 선생이라는 분이 있습니다. 하루는 이분이 항일 운동을 하다가 감옥에 투옥되었습니다. 감옥 마루 바닥에 앉아서 별로 할 일도 없고 하니 이것저것 구경하다가 마루 틈새에 조그만 종이가 말려서 끼워져 있는 것을 발견했습니다. 그것을 꺼내 펴 보니 "나는 너희에게 이르노니 너희 원수를 사랑하며 너희를 박해하는 자를 위하여 기도하라"라고 하는 예수님의 말씀이었습니다. 이상재 선생은 "무슨 이런 말이 다 있어? 저런 일본 사람들을 어떻게 사랑하고 축복해 주라는 거야?"라고 하고서는 다시 제자리에 끼워 넣었습니다. 그런데 예수님이 말씀이 그의 머리와 가슴속에 계속해서 뱅뱅뱅 돌더라는 것입니다. 결국 이상재 선생이 그 말씀 앞에 굴복을 하고 그리스도인이 되었습니다. 말씀이 그 속에서 역사하시는 것을 체험한 것입니다.

그러나 교회를 다니면서 이런 역사를 체험하지 못하고 이름뿐인 신자로 살 수도 있습니다. 히브리서 4장 2절의 말씀대로 "그들과 같이 우리도 복음 전함을 받은 자이나 들은 바 그 말씀이 그들에게 유익하지 못한 것은 듣는 자가 믿음과 결부시키지 아니함이라"에 원인이 있습니다.

18세기 말과 19세기 초에 영국 의회에서 활동하며 노예 제도를 폐지시킨 유명한 윌리엄 윌버포스(William Wilberforce, 1759–1833) 경은 독실한 신자였습니다. 그는 자신의 사랑하는 친구 윌리엄 피트가 어떻게든 말씀의 은혜를 받게 하기 위해서 노력했습니다. 하루는 함께 런던에 방문했다가 어느 유명한 목회자의 설교를 들으러 같이 갔습니다. 윌버포스는 얼마나 은혜를 받았는지 마치 하늘에 다녀온 감격을 느꼈습니다. 하지만 친구 피트는 너무 지루했으며 무슨 말을 하는지를 알아들을 수 없었다고 했습니다. 한 사람의 말씀의 역사를 체험했고, 한 사람은 전혀 체험을 하지 못했던 것입니다.[9]

사랑하는 여러분! 여러분은 교회에 와서 설교를 들을 때에 피트처럼 되지 말고, 윌버포스처럼, 이상재 선생처럼, 데살로니가 교인들처럼 하나님의 말씀을 하나님의 말씀으로 받아들여, 심령 속에서 말씀의 역사를 체험하기를 바랍니다. 찬송가 455장을 지은 가브리엘(C. H. Gabriel, 1856–1932)이라고 하는 성도처럼 저와 여러분도 그렇게 되기를 원합니다.

주님의 마음을 본받는 자 그 맘에 평강이 찾아옴은
험악한 세상을 이길 힘이 하늘로부터 임함이로다.
주 모습 내눈에 안 보이며 그 음성 내 귀에 안들려도
내 영혼 날마다 주를 만나 신령한 말씀 늘 배우도다♪

말씀의 사역자

우리는 말씀을 듣는 회중의 입장에서 말씀의 역사를 체험하는 교회를 먼저 생각했습니다. 그러나 사실 본문은 말씀을 전하는 사역자, 설교자에 대한 긴 말씀으로 시작하고 있습니다. 바울은 자신의 사도직과 사역에 대해서 변증하고 있고, 말씀 사역자의 자세들을 천명하고 있습니다. 이 부분은 사실 말씀의 사역자된 목회자에게 해당하는 내용이지만, 하나님의 말씀이 어떻게 역사하는지를 눈여겨 보기를 바라고, 목회자와 교역자들을 위하여 기도해 주기를 바랍니다.

2장 1–2절을 보면 바울은 "형제들아 우리가 너희 가운데 들어간 것이 헛되지 않은 줄을 너희가 친히 아나니 너희가 아는 바와 같이 우리가 먼저 빌립보에서 고난과 능욕을 당하였으나 우리 하나님을 힘입어 많은 싸움 중에 하나님의 복음을 너희에게 전하였노라"라고 하면서 복음을 전파하게 된 시초를 설명하고 있습니다. 바울은 데살로니가에 가서 복음을 전한 것이 헛되지 않았다고 고백합니다. 그리고 데살로니가에 이르기 전에 빌립보에서 고난과 능욕, 즉 수치를 당했음을 고백합니다. 이는 사도행전 16장에서 확인할 수 있는 이야기입니다. 바울은 그러한 고난과 능욕을 겪고서도 다시금 데살로니가에 간 것이고, 그곳에서도 많은 싸움에 휘말리게 되었지만, 하나님의 복음을 그들에게 전하였다고 말하고 있습니다. '전하였다'라는 말을 좀 더 정확하게 번역하면 '말하는 것을 두려움 없이 자유롭게 했다'라고 해야 합니다. 즉, 환난 박해가 일어났지만 두려워하지 않고 담대하게 하나님의 말씀을 다 전했다고 하는 말입니다. 그렇게 할 수 있는 비결은 그가 하나님을 힘입고 있기 때문이었습니다.

우리는 바울이 복음을 전함에 있어서 동기가 무엇이라고 밝히는지를 주목해 보아야 합니다. 우선 부정적으로 표현한 내용들을 살펴보겠습니다. 3절을 보면 "우리의 권면은 간사함이나 부정에서 난 것이 아니요 속임수로 하는 것도 아니라"라고 부정적으로 말합니다. 그가 전한 말씀은 간사함, 즉 거짓에서 나온 것도 아니고, 부정, 즉 도덕적인 불결함에 나온 것도 아니며, 속임수에서 나온 것도 아니라는 것입니다. 이 '속임수'는 개역에서 '궤계'라고 번역한 단어로, 미끼를 던지는 것을 의미합니다. 그리고 5절은 "너희도 알거니와 우리가 아무 때에도 아첨하는 말이나 탐심의 탈을 쓰지 아니한 것을 하나님이 증언하시느니라"라고 고백합니다. 바울은 데살로니가에서 복음을 전할 때 아첨하는 말을 하지 않았습니다. 사람이 듣기에 좋은 소리를 전하지 않았습니다. 사도행전 24장 25절을 보면 바울은 벨릭스(Felix) 총독 앞에서도 "의와 절제와 장차 오는 심판을 강론"하여 총독으로 하여금 두렵게 만들었습니다. 하나님의 말씀을 전하는 자는 아첨의 말을 해서는 안 됩니다. 그리고 우리가 또 본문에서 깊이 생각해야 하는 것은 바울은 탐심의 탈을 쓰지 않았다고 하는 고백입니다. 이 말은 당시의 배경을 생각해야 합니다. 당시 그리스, 로마 세계에는 떠돌이 약장수처럼 새로운 사상, 기이한 사상을 전파하러 다니는 소피스트들이 있었고, 그들은 그 대가로 돈을 챙겼습니다. 바울이 말하고자 하는 바는 자신은 그런 사람이 아니라는 것을 보여 주려고 힘썼다는 말입니다. 바울은 빌립보 교회와 같이 그의 사도직과 사역을 인정하고 돕는 후원금은 기꺼이 받아서 사용했지만, 처음 선교하러 간 곳에서 약장수처럼 그렇게 하지는 않았습니다. 바울은 또한 자신은 "너희에게서든지 다른 이에게서든지 사람에게서는 영광을 구하지 아니하였노라"(6절)라고 고백합니다. 사람의 인기를 얻으려고, 사람에게 영광과 존귀를 받으려고 사역하지 않았다는 것입니다.

그러면 바울은 어떤 자세로 말씀의 사역에 임하였을까요? 긍정적인 고백들을 살펴봅시다. 먼저 4절은 "오직 하나님께 옳게 여기심을 입어 복음을 위탁 받았으니 우리가 이와 같이 말함은 사람을 기쁘게 하려 함이 아니요 오직 우리 마음을 감찰하시는 하나님을 기쁘시게 하려 함이라"라고 말합니다. 바울 자신은 하나님의 인정을 받고 보냄을 받았으며 복음을 전하라는 위임을 받았으므로, 간사함이나 불결, 속임수를 따르지 않고 오로지 마음을 감찰하시는 하나님을 기쁘시게 하려는 동기에서 복음을 전했다는 것입니다. 바울의 동기는 외적인 행동뿐만 아니라 마음까지도 감찰하시는 하나님을 기쁘시게 하려는 데 있었습니다. 그리고 바울은 처음 복음을 듣는 자들에게 조금도 장애물을 놓지 않기 위하여, 7절이 말하는 것처럼 그리스도의 사도된 자로서 마땅히 권위를 주장할 수 있었습니다. 즉, 그는 경제적인 지원을 받을 자격과 권리를 가졌음에도 불구하고 그렇게 하지 않고 9절이 말하는 것과 같이 수고하고 애쓰면서 그들에게 폐를 끼치지 않으려고 밤낮으로 일하면서 하나님의 복음을 전하였다고 고백합니다. 이것은 바울이 자신의 천직이었던 천막 만드는 일(tent-making ministry)에 종사하면서 복음 사역에 힘썼음을 의미합니다. 10절을 보면 바울은 그렇게 함으로써 데살로니가의 신자들을 향하여 자신이 거룩하고, 옳고, 흠없이 행하였다고 고백합니다.

이제 우리는 바울이 자신의 복음 사역을 두 가지 메타포로 표현한 것을 살펴보려고 합니다. 우선 7절에서 바울은 "우리는 그리스도의 사도로서 마땅히 권위를 주장할 수 있으나"라고 말합니다. 그다음에 이어지는 하반절을 주목하기를 바랍니다. 사도로서 권위를 주장하고 혹은 다르게 말하면 권리를 주장하여 경제적인 지원을 요구할 수 있었지만 “도리어 너희 가운데서 유순한 자가 되어 유모가 자기 자녀를 기름과 같이 하였다”라고 고백합니다. 유순한 자가 되었다는 말은 어린이가 되었다는 말입니다. 즉, 초신자의 수준에까지 낮아졌다는 말입니다. 그렇게 하면서 유모(乳母) 혹은 어머니가 자녀를 기르는 것같이 했다는 것입니다. 이것은 목회자나 교사들이 어린 영혼들을 어떤 자세로 돌봐야 하는지를 잘 보여 줍니다. 젖먹이로부터 시작해서 어린아이를 양육하는 데는 많은 수고와 배려가 필요하듯이, 영적으로도 어린 영혼들을 돌보는 데는 동일한 수고가 필요합니다. 바울은 복음으로 영혼을 낳는 해산의 고통에 대해서도 말하면서, 동시에 그 영혼을 잘 기르는 일 또한 여간 힘든 일이 아님을 곳곳에서 고백하고 있습니다. 그럼에도 불구하고 바울은 그런 수고를 마다하지 않았습니다. 또한 바울은 그들을 사모하여 복음만 준 것이 아니라 목숨이라도 기꺼이 주기를 기뻐한다고 말합니다(8절). 즉, 성도들을 위하여 아낌없이 헌신하겠다는 것입니다. 성도는 바울의 사랑의 대상이기 때문입니다.

바울은 ‘유모’라는 이미지만 사용하지 않고 ‘아버지’의 이미지를 사용해서 복음 사역을 설명하고 있습니다. 11-12절 말씀입니다.

> 너희도 아는 바와 같이 우리가 너희 각 사람에게 아버지가 자기 자녀에게 하듯 권면하고 위로하고 경계하노니 이는 너희를 부르사 자

기 나라와 영광에 이르게 하시는 하나님께 합당히 행하게 하려 함
이라 (11-12절)

바울은 각 사람에게 아버지가 자기 자녀에게 하듯 권면하고 위로하며 경계했습니다. 그렇게 해서 하나님께 합당하게 행하는 하나님의 자녀가 되도록 훈육했습니다. 유모 혹은 어머니의 이미지가 모든 것을 참고 견디고 자애롭게 사랑하는 모습을 강조한다면, 아버지의 이미지는 기준이 있는 사역자의 모습을 보여 줍니다. 하나님 보시기에 합당한 삶이라고 하는 기준을 세우고, 그 기준에 맞도록 권면하고 위로할 뿐만 아니라 경계하고 책망하는 일도 하는 것을 말합니다. 우리 그리스도인들에게는 이런 이중적인 사랑이 모두 필요합니다. 부드럽고 자애로운 사랑도 거칠고 엄한 사랑도 모두 필요합니다. 그래야만 균형잡힌 신앙 인격으로 자라 갈 수 있습니다.

데살로니가보다 더 신사적인 교회

이상에서 살펴본 것처럼 바울은 신실한 말씀 사역자로 사역했고, 데살로니가 교인들은 하나님의 말씀으로 받아들이고 말씀의 역사를 경험하게 되었습니다. 이제 저는 이러한 데살로니가 교인들보다 더 칭찬받았던 베뢰아 교회 이야기로 설교를 마무리하

려고 합니다.

앞서 설명한 대로 데살로니가의 이방인들도 복음을 잘 받아들였습니다만, 베뢰아 사람들에게는 또 다른 독특한 면이 있습니다. 그들은 더 큰 장점을 가진 사람들이었습니다. 사실 베뢰아라는 곳은 데살로니가에 비하면 도시의 규모도 작은 편이고 유명하지도 않았다고 합니다. 그럼에도 불구하고 오늘 말씀에 보면 이들은 참 멋진 사람들이었습니다. 뭐가 그리 멋진지 사도행전 17장 11절을 살펴보겠습니다.

> 베뢰아에 있는 사람들은 데살로니가에 있는 사람들보다 더 너그러워서(개역: 신사적이어서) 간절한 마음으로 말씀을 받고 이것이 그러한가 하여 날마다 성경을 상고하므로 (행 17:11)

베뢰아 사람들에 대한 성경의 평가는 한마디로 어떻다는 것입니까? 예. 너그러운 사람들이라 했는데, 이전 개역에는 '신사적인 사람들'이라고 번역된 구절입니다. 데살로니가 사람들보다 더 신사적인 사람들, 그들이 바로 베뢰아 사람들이었습니다. 여기 '신사적'이라는 말, 누가가 사용한 이 헬라어 단어는 '유게네스'(eugenes)인데, 이 말은 일상적으로는 가문이나 출신이 좋은, 혹은 고귀한 가문의 출신이라는 뜻을 가지고 있습니다. 유게네스라고 하면 소위 뼈대 있는 가문의 출신이라는 뜻입니다. 하지만

이 본문에서는 베뢰아 교인들이 하나님의 말씀에 대하여 고상한 태도, 즉 열린 마음(open mind)을 가졌다는 의미로 쓰였습니다.[10] 앞서 살펴본 대로 데살로니가의 유대인들은 대단히 감정적이고 비이성적이었습니다. 자기들의 생각들과 다르면 참지 못하는 사람들이었습니다. 아예 들을 생각조차 하지 않았습니다. 자신들의 뜻에 어긋나면 폭력을 사용해서라도 반대한 사람들입니다. 그 열심이 얼마나 지나친지 200리가 넘는 곳까지 바울을 뒤쫓아 와서 바울과 실라를 핍박했습니다. 데살로니가에 사는 사람들은 이처럼 완악하고 강퍅하고 폭력적이며 매우 감정적이었던 반면, 베뢰아 사람들은 그렇지 않았습니다. 그들은 바울이 전하는 복음을 열린 마음으로 들어 주었습니다. '허물을 잡고 비판하고 물리치려는 마음을 품지 않고 무슨 말을 하는가 한번 들어 보자'라는 열린 마음을 가지고 있었습니다. 이처럼 합리적이고, 점잖고, 이성적인 성품을 '신사적', 헬라어로 '유게네스'라는 표현을 사용한 것입니다.

베뢰아 교인들이 신사적이기 때문에 구체적으로 어떤 특징이 있었는가를 살펴보겠습니다. 두 가지입니다. 첫째로 그들은 "간절한 마음으로" 말씀을 받았습니다. 간절한 마음이란 사모하는 마음, 열정적인 마음을 가리킵니다. 예전에 이런 흥미로운 이야기를 읽은 적이 있습니다. 어른들하고 아이들 중에 누가 더 기억력이 좋을 것 같은가, 당연히 어린아이들이겠지요. 그러면 어른들은 왜 아이들보다 잘 기억하지 못하는 것일까요? 흔히들 노화로 인해 기억력이 감퇴해서 그렇다고 말합니다. 그것도 일면 맞는 말입니다. 그런데 또 다른 이유가 있습니다. 아이들은 집중해서 어른들의 말을 듣기 때문에 잘 기억을 하지만, 어른들은 무슨 말을 들을 때도 집중을 잘 하지 않기 때문에 듣고도 잘 기억하지 못한다는 것입니다. 설교 시간에만 해도 이런 생각, 저런 생각을 하면서 주의가 산만한 사람들이 있는가 하면, 스폰지가 물을 흡수하듯이 한마디도 놓치지 않고 들으려고 사모하는 사람들이 있습니다. 이것이 바로 신사적인 자세인 것입니다.

목회자는 설교 준비를 열심히 하고 기도도 많이 해서 설교를 잘 해야 하겠지만, 성도들의 마땅한 자세는 정신을 똑바로 차리고 마음을 집중해서 말씀을 듣는 것입니다. 1995년 2월에 제가 신대원을 졸업할 무렵 몇몇 교회에 가서 수련회도 인도하고 설교를 한 적도 있습니다. 한번은 똑같은 로마서 12장을 가지고 가서 두 교회 대학부에 가서 설교를 한 적이 있습니다. 한 곳은 서울 내수동교회입니다. 50명이 넘는 대학부 리더 수련회였는데, 참 은혜를 많이 받고 왔습니다. 반면에 동일한 설교를 가지고 종로에 있는 아주 유서 깊은 교회 대학부에 가서 설교했는데 죽을 고생을 했습니다. 똑같은 내용이어도 듣는 사람들의 자세에 따라서 전혀 다른 결과가 나오는 것입니다. 우리는 사실 예배나 기도회에 올 때도 그냥 와서는 안 됩니다. 몸과 마음을 준비해서 와야 합니다. 기도하고 사모하는 마음으로 참석해야 합니다. 그것이 바로 성숙한 자세이고 신사적인 신앙의 태도인 것입니다.

베뢰아 교인들은 신사적이어서 간절한 마음으로 말씀을 받았을 뿐만 아니라 "이것이 그러한가 하여", 즉 들은 말씀이 정말 그런가 하여 "날마다 성경을 상고"(11절)하였습니다. 여기서 '상고한다'(anakrino)라는 말은 사법적인 심문의 의미를 가지고 있습니다. 즉, '상고하다'로 번역된 헬라어 단어 '아나크리노'는 법적인 절차를 거칠 때 주의 깊고 정확한 조사를 하는 것을 가리켜 사용합니다. 사법 당국이 범죄 사건의 진상을 밝히기 위해서 꼬치꼬치 캐묻고 자세히 조사하는 것처럼, 베뢰아 교인들이 수동적으로 설교만 들은 것이 아니라, 듣고 나서는 '이것이 정말 성경의 기록과 동일한가'를 스스로 찾아보고 조사해 보았다는 말입니다. 교인들 중에는 말씀을 들을 때에 넋을 놓고 수동적으로 그냥 듣는 이들이 있습니다. 때로 부흥사들이 이상한 소리를 해도 그냥 "아멘 아멘" 하는 이들도 있습니다. 그런 식으로 아무 생각없이 설교를 듣다 보면 잘못된 가르침에 의해서 영혼이 병들게 됩니다. 우리는 베뢰아 교인들에게 성숙한 신앙의 자세를 배웁니다. 좋은 의미에서 그리스도인들은 참과 거짓을 분별하는 비판적인 자세를 가져야 합니다. 무조건 거부하고 비난하기 위해서 비판하는 것은 나쁜 자세입니다. 또 "내 생각이나 내 뜻과 맞는가, 맞지 않는가?", "내 기분에 맞게 하는가, 하지 않는가?"가 판단의 기준이 되어서도 안 됩니다. 건설적인 비판의 자세는 들려오는 모든 말씀이 성경적인가 아닌가를 가리는 것입니다. 청교도 토머스 맨턴(Thomas Manton, 1620–1677)은 다음과 같이 말합니다.

> 듣고 묵상하지 않는 것은 열매를 맺지 못합니다. 우리는 들을 수도 있고 듣기도 합니다. 그러나 이것은 구멍이 뻥뻥난 가방에 물건을 넣는 것과 같습니다. 말씀에서 읽은 것을 우리는 묵상함으로 소화해야만 합니다.

베뢰아 교인들처럼 주체적으로 성경을 날마다 상고하는 자들이 되어야만 합니다. 이렇게 할 때에 자립적인 신앙인이 될 수 있습니다.

이 장에서 우리는 말씀의 역사가 있는 교회에 대해서 살펴보았습니다. 데살로니가 교회와 베뢰아 교회는 바울이 전하는 말씀을 인간의 말로 받지 않고 하나님의 말씀으로 받아들였습니다. 그리고 그 말씀의 역사를 체험하니 영혼이 바뀌고, 환난 중에도 신앙을 지키고 열매 맺는 데로 나아갔습니다. 물론 말씀의 역사가 성도들에게 일어나기 전에 사도 바울이라고 하는 신실한 하나님의 말씀의 사역자의 사역이 있었습니다. 우리는 이 교회를 통하여 말씀의 역사를 체험하기를 기도해야 합니다. 그리고 말씀 사역자들이 바울과 같이 신실한 사역자가 될 수 있도록 기도해 주어야 합니다. 그리하여 단순히 지식 정보 이론만 늘어나는 신앙 생활이 아니라 하나님의 말씀의 능력을 체험하며 열매 맺는 신앙인들이 될 수 있기를 바랍니다.

03 간절히 보고자 하는 교회

살전 2:17-3:13

여러분은 행복하십니까? '누가 행복한 사람이냐?'라는 주제에 대해서 어떤 신학자는 이렇게 말했습니다. 첫째, 보고 싶은 사람이 있어야 행복하다고 합니다. 아무리 생각해 봐도 보고 싶은 사람 하나 없고, 누구든 죄다 꼴보기 싫다면 그 사람은 불행한 것입니다. 적어도 한 사람 이상은 보고 싶은 사람이 있어야 행복한 것이라는 말입니다. 둘째, 보고 싶은 사람을 만나는 것입니다. 얼굴과 얼굴을 맞대고, 눈과 눈을 마주쳐서 보는 것입니다. 공자도 논어 첫 부분에서 "군자의 삼락중의 하나를 벗이 있어 스스로 멀리서 찾아오면 이 또한 즐겁지 않은가"(有朋而 自遠方來하면 不亦樂乎)라고 고백하는 것을 볼 수 있습니다. 보고 싶은 사람을 만나는 것이 행복입니다. 그와 대화를 나누는 것이 행복입니다. 마지막으로 그 사람에게 감추고 싶은 것이 없는 것입니다. 비밀이 없고, 내 마음속의 이야기를 다 해 주고 싶습니다. 이런 사람이 행복한 사람이랍니다. 바로 20세기의 유명한 신학자인 칼 바르트(Karl Barth, 1886-1968)의 행복론에 나오는 이야기입니다.

그러나 현실은 어떻습니까? 보기 싫은 사람들을 계속해서 만나야 하고, 보고 싶은 사람은 멀리 떨어져 있어서 잘 보지 못하고 마음이 애틋해지거나 하지 않습니까? 멀리 가 있는 자녀들에 대해 그리워하고 늘 염려하는 부모의 마음, 혹은 사랑하는 사람을 멀리 두고 만나지 못해서 안타깝고 괴로웠던 경험을 누구나 한 번쯤은 해 보았을 것입니다. 내가 사랑하는 사람, 내가 보고 싶은 사람을 자유롭게 보고 살 수 있다면 얼마나 좋을까요? 그리고 내가 사랑하고 그리워하는 만큼 상대도 나를 보고 싶어 한다면 얼마나 좋을까요? 일방적인 사랑이 아니라 서로 보고 싶어 가슴이 불붙는 관계라면 얼마나 좋을까요?

하나님 앞에 모인 우리는 어떻습니까? 간절히 보고 싶은 사람이 있습니까? 주일이 기다려집니까? 하나님을 만나 보고 싶은 마음이 있습니까? 혹은 성도들을 만나고 싶었습니까? 교회학교 교사들의 경우, 맡은 아이들 또는 청소년들이 보고 싶었습니까?

데살로니가전서에서 사도 바울은 데살로니가 교회 성도들을 얼마나 간절히 보고 싶어 하는지 그 심경을 여러 가지로 표현하고 있습니다. 그리고 데살로니가 교인들도 바울을 보고 싶어 합니다. 3장 6절 하반절을 보면 “또 너희가 항상 우리를 잘 생각하여 우리가 너희를 간절히 보고자 함과 같이 너희도 우리를 간절히 보고자 한다”라고 말씀하고 있지 않습니까! 오늘 설교 제목인 “서로 간절히 보고자 하는 교회”라는 이 구절에서 빌려 온 것입니니다. 사도와 성도들이 서로 간절히 만나고자 하는 관계였듯이, 목사와 회중이 서로 간절히 보고자 하고, 성도들 간에도 서로 보고 싶어 하는 그런 관계가 우리 가운데 풍성해지기를 소망합니다. 시온의 영광이 빛나는 교회의 특징 중 하나는 거기에 풍성한 성도의 교제가 있다는 것입니다.

간절히 보고자 하는 바울

우리는 우선 사도 바울과 데살로니가 교인들의 관계에 대해서 다시 상기해 보고자 합니다. 앞서 언급했듯이 데살로니가 교회는 그리스에서 제2의 도시로 불릴 만큼 유명한 데살로니키라고 하는 곳에 처음으로 세워졌던 교회입니다. 사도 바울이 2차 선교 여행 때 빌립보에 이어 데살로니가에 들러가 3주간 복음을 전함으로써 세워진 교회입니다. 사도행전 17장을 보면, 데살로니가 유대인들이 주동하여 환난과 핍박을 일으켰기 때문에 불과 3주 만에 부득불 바울 일행은 데살로니가를 황급히 떠나게 되었고, 베뢰아와 아덴을 거쳐 고린도까지 피신할 수밖에 없었습니다. 그러니 정리를 해 보면 바울과 데살로니가인들의 관계란 복음 전도자와 피전도자의 관계입니다. 또한 겨우 3주간의 짧은 기간을 통해서 형성된 관계일 뿐입니다. 어쩌면 얼굴이 기억나는 사람이 몇 안 될 정도였을 것입니다.

그럼에도 불구하고 사도 바울이 얼마나 교인들을 다시 만나고 싶어 하는지를 보십시오. 2장 17절을 보면 "형제들아! 우리가 잠시 너희를 떠난 것은 얼굴이요 마음은 아니니 너희 얼굴 보기를 열정으로 더욱 힘썼노라"라고 고백합니다. 바울은 그들을 형제라고 호칭했습니다. 그리고 우리가 잠시 너희를 떠났다는 표현을 쓰고 있는데, 헬라어 원문은 '내가 너희로부터 떠난 이후 지금까지 고아처럼 버림받았다'라는 의미를 가지고 있습니다. 유대인들의 박해 때문에 어쩔 수 없이 떠날 수밖에 없었는데, 이는 마치 부모 잃은 고아처럼, 자식 잃은 부모처럼 가슴 아픈 이별이었다는 감정을 잘 전달해 주는 표현인 것입니다. 그리고 3장 1절에도 보시면, "이러므로 우리가 참다 못하여 우리만 아덴에 머물기를 좋게 생각하고"라며 참다 못하여 디모데를 데살로니가에 보냈다고 했습니다. '우리만 아덴에 머물기를 좋게 생각했다'라고 하는 표현 역시 단지 머물렀다는 뜻이 아니라 '외롭게 홀로 남았다'라고 하는 의미의 단어를 사용했습니다. 가고 싶지만 갈 수 없는, 어쩔 수 없이 디모데를 대표로 보냈지만 자기 혼자 아덴에 남겨진 것이 결코 유쾌하지 않다는 의중를 전한 것입니다.

이렇게 신중하게 사용하고 있는 표현들을 유의해서 보면 사도 바울의 간곡한 심정이 느껴지지 않습니까? 2장 17-18절을 보면 바울은 몸으로 떠나 있고, 다시 돌아가지 못하고 있지만 마음은 결코 성도들을 떠나지 않았다고 고백합니다. 그리고 그렇게 된 것이 사탄의 방해 공작 때문이었다고 밝힙니다. 비록 유대인들이 바울과 데살로니가 교인들을 못 만나게 방해를 하고 있지만, 그 이면에는 사탄의 강력한 역사가 있음을 바울은 감지하고 있었습니다. 그러나 2장 17절에 의하면 그들의 "얼굴 보기를 열정으로 더욱 힘썼다"라고 고백하면서, 3장 6절에서는 "우리가 너희를 간절히 보고자 한다"라고 다시 한번 간곡한 마음을 토로합니다. 이렇게도 간절히 보고 싶은데도 불구하고 당장에 돌아갈 수 없을 뿐 아니라 데살로니가에서 점점 더 멀리 옮겨 가면서 복음을 전하고 있는 바울의 애타는 심정을 느낄 수가 있습니다.

바울이 왜 이처럼 그들을 간곡히 보기를 원하는가?

그러면 이제 두 번째로 살펴볼 것은 '사도 바울은 왜 그처럼 데살로니가 교인들을 보기를 간절히 바라고 있는가?' 하는 것입니다. 바울에게 데살로니가 교인들이 어떤 의미였기에 그렇게도 간곡히 소원하고 있는 것일까요? 그 이유를 2장 19-20절에서 찾아볼 수가 있습니다. 이러한 마음은 성도들을 향한 목회자의 마음이어야만 합니다. "우리의 소망이나 기쁨이나 자랑의 면류관이 무엇이냐? 그가 강림하실 때 우리 주 예수 앞에 너희가 아니냐? 너희는 우리의 영광이요 기쁨이니라." 바울에게 있어서 데살로니가 교인들은 "소망", "기쁨", "자랑의 면류관"이자 "영광"

이라고 표현했습니다. 부모가 자녀를 소망으로 여기고 기쁨으로 삼듯이 바울은 자신이 전도하여 예수 그리스도를 믿게 된 영혼들을 소망이자 기쁨이라고 표현합니다. 그리고 자랑의 면류관이라고 할 때에 면류관은 승리한 선수가 받았던 관(스테파노스)을 뜻합니다. 인생과 사역의 최종 끝에서 받게 될 면류관이 다름 아니라 성도들이라는 것입니다. 뿐만 아니라 바울은 성도들을 주님이 재림하시는 날에 자랑의 면류관이자 영광이라고 말합니다. 마치 부모가 자식을 사랑하고, 자식을 최고의 가치로 여기듯이, 또 기뻐하고 자랑하듯이 바울은 자기의 성도들에 대한 영적 부모의 심정을 표현하고 있습니다.

이러한 사랑의 대상이기에 바울은 지체되는 상황을 참지 못하고(3:1, 5) 그의 사랑하는 믿음의 아들 디모데를 데살로니가로 보내어 형편을 살피도록 했던 것입니다. 3장 2절을 보면 바울은 디모데에 대해서 "우리 형제, 그리스도의 복음을 전하는 하나님의 일꾼(=하나님의 동역자)"이라고 추천의 말을 하고 있습니다. 왜 디모데를 보내느냐? 바울이나 실라에 비해서 유대인들에게 들 눈에 두드러지기 때문이도 하지만, 디모데 역시도 그리스도의 복음을 전할 수 있는 자이기 때문입니다. 3장 2절 이하를 보면 바울은 디모데를 파송하는 이유는 "데살로니가 교인들의 믿음에 대하여 위로함으로 환난 중에 흔들리지 않게 하려고 함이라"(2-4절)라고 밝히고 있습니다. 3장 5절에서도 바울은 디모데를 보낸 이유가 "너희의 믿음을 알기 위하여 그를 보내었노니 이는 혹 시험하는 자가 너희를 시험하여 우리 수고를 헛되게 할까 함이라"라고 쓰고 있습니다. 유대인들로 인해서 일어나게 되었던 환난과 박해의 폭풍우 속에도 그들의 믿음이 잘 자라고 있는지 알고 싶었고, 초신자인 그들의 믿음이 더욱 잘 자라도록 위로하기 위하여 디모데를 보낸 것입니다. 우리가 주목해야 할 것은 바울이 그토록 데살로니가 교인들을 보고 싶어 하고, 사정이 안 되니 디모데라도 보내는 이유가 오직 데살로니가 교인들의 믿음의 존폐 여부와 그들의 믿음을 굳세게 하도록 돕는 데 있었다고 하는 점입니다.

우리가 멀리 떠나 있는 자녀들이나 가족들을 보고 싶어 하고 염려하면서 기도하는 제목이 무엇입니까? 바울처럼 그들의 믿음의 존폐와 성장 여부에 있습니까? 집을 떠나 멀리 가 있는 딸에게 조나단 에드워즈 목사가 보낸 편지가 남아 있습니다. 사랑하는 딸에게 보낸 편지 속에는 자식에 대한 사랑과 자식에게 있어서 무엇이 중요한지에 관한 그의 가치관이 분명하게 드러나고 있습니다.

> 나의 사랑하는 딸에게, 서로 교제할 수 없는 아주 먼 곳으로 떠나는 자식에게 부모로서 관심을 갖는 것을 당연히 생각할는지 모르겠구나. 그곳에서 네가 죽을 수도 있는 위험한 병을 얻을지도 모르

고, 우리가 너의 위험을 듣기도 전에 네가 무덤에 있을 수도 있을 것이다. 그러나 내가 가장 관심을 갖는 것은 너의 영혼에 관한 것이란다. 비록 네가 우리와 멀리 떨어져 있을지라도 하나님은 어디에나 계신단다. 너는 우리의 도움이 미치지 못하는 먼 곳에 있지만 매순간 하나님의 손 안에 있단다. 우리는 너를 보는 것으로 만족하지 않고, 하나님께서 항상 너를 보고 계신다는 것으로 만족한단다. 그리고 네가 하나님의 인도하심에 늘 귀기울이고 하나님의 은혜 안에 거한다면, 너와 멀리 떨어져 있는 것은 문제가 되지 않는단다. 나는 네가 항상 우리와 함께 있으면서 하나님과 멀리 떨어져 사는 것보다는, 차라리 네가 수 백 마일 떨어져 있더라도 하나님의 성령에 의해 하나님께 가까이 가는 것을 원한단다.[11]

사랑하는 여러분! 사도 바울의 관심은 교인들의 믿음에 있었습니다. 그들이 진정한 믿음을 가지고 있는지, 믿음 안에서 진보하고 있는지에 관심을 두었습니다. 그리고 또한 그들의 믿음의 장애가 없도록 도와주는 것이 바울의 주된 관심사였습니다. 이는 에드워즈 목사가 딸에게 보인 관심과 동일합니다. 제가 여러분에 대하여 가져야 할 초미의 관심사도 동일해야 합니다. 저는 여러분이 바른 믿음에 이르도록 도와주고 여러분의 믿음이 견고하게 자라도록 돕는 역할을 맡은 자라는 인식을 늘 가지고 살아갑니다.

데살로니가 교인들의 소식을 듣고 기뻐하는 바울

그러면 이제 마지막으로 그와 같은 관심을 가지고 디모데를 파송했던 바울이 다시금 돌아온 디모데를 통하여 듣게 된 소식이 무엇이었는지, 그렇게 어떻게 반응하는지를 살펴보도록 하겠습니다. 디모데가 먼 길을 다녀와서 전한 소식은 3장 6절에 기록이 되어 있는 대로, 데살로니가 교인들이 보여 준 "믿음과 사랑의 기쁜 소식"이었습니다. 1장 3절에서 보았듯이 더 풍성하게 표현하자면 바울이 들은 소식은 그들의 믿음의 역사와 사랑의 수고와 우리 주 예수 그리스도에 대한 소망의 인내에 대한 소식을 들었습니다. 그리고 바울은 "소식을 전했다"라고 말할 때에 복음을 전했다는 단어를 쓰고 있습니다. 그리고 또한 바울은 데살로니가 교인들도 바울 사도를 잘 기억하고 있으며, 간절히 보고 싶어 한다는 소식을 듣게 되었습니다. 이러한 소식은 말 그대로 복음을 듣는 것과 같았습니다.

이어지는 7절을 보면 바울의 반응이 소개되고 있습니다. 바울 역시도 궁핍과 환난 중에 있었지만 "너희 믿음으로 말미암아 너희에게 위로를 받았노라"라고 말하고 있습니다. 바울은 오로지 성도들의 믿음에 관심을 가지고 있었기 때문에, 그들이 믿음 안에 굳게 서 있다는 소식을 듣고 마음의 위로와 기쁨을 얻게 된 것은 당연한 일이었을 것입니다. 심지어 8절을 보면 바울은 이렇게

까지 고백합니다. "그러므로 너희가 주 안에 굳게 선즉 우리가 이제는 살리라"라고 고백합니다. 주 안에 굳게 선다는 말은 굳센 믿음을 가지고 있다는 말과 동일한 내용을 가리킵니다. 그런데 그런 소식을 들었을 때에 "바울이 위로 받았다", "기쁘다" 정도로 표현하는 것이 아니라 "우리가 이제는 살리라"라고 표현하고 있다는 점이 상당히 인상적입니다. 헬라어로 '조멘'(zomen), 우리가 한 번 더 살겠다는 뜻입니다. 바울은 왜 이런 표현을 쓰는 것일까요? 3주밖에 머물지 못했던 데살로니가에 세워진 교회의 성도들의 영적인 상태가 어떠한지를 염려하고, 보고 싶어서 안절부절 못할 만큼 가슴이 애타고 힘들었는데, 이제 그들이 믿음 안에 굳게 서 있다는 소식을 들으니까 숨이 탁 트인다는 것입니다. 그래서 "이제야 살 것 같다", "이제야 기쁘다"라고 표현한 것입니다.

이어지는 9절을 보면 바울은 "우리가 우리 하나님 앞에서 너희로 말미암아 모든 기쁨으로 기뻐하니 너희를 위하여 능히 어떠한 감사로 하나님께 보답할까?"(9절)라고 외치는 것을 보게 됩니다. 바울은 모든 기쁨으로 하나님 앞에서 감사한다고 했습니다. 모든 기쁨, 정말 기쁨이 넘치는 것입니다. 어깨춤이라도 추고 싶은 그런 상태입니다. 데살로니가의 교인들이 환난 중에도 믿음이 자라고 있다는 소식을 듣고는 하나님께 어떻게 감사를 드려야 할지 모르겠다고 고백을 합니다. 사실은 하나님께서 하나님의 백성들을 창조하시고 그들의 믿음을 자라게 하시는 일인데도 불구하고 바울은 그러한 하나님의 역사에 대해서 하나님 앞에 뭐라고 감사를 드려야 할지 모르겠다고 고백하고 있습니다. 우리가 그 자리에 있지 않아도 바울이 얼마나 데살로니가 교인들의 믿음의 진보와 견고함 때문에 기뻐하고 감격해 있는지를 짐작할 수가 있습니다. 자녀가 잘된 소식을 듣고 기뻐하는 부모처럼 바울의 가슴에는 성도들의 신앙 때문에 기뻐함이 있었습니다.

이것이 바로 성도들을 향한 목자의 마음입니다. 목회자뿐만 아니라 교회의 리더들이 되고 교사가 되면 맛볼 수 있는 마음입니다. 고린도후서 11장 28–29절을 보면 "이 외의 일은 고사하고 아직도 날마다 내 속에 눌리는 일이 있으니 곧 모든 교회를 위하여 염려하는 것이라. 누가 약하면 내가 약하지 아니하며 누가 실족하게 되면 내가 애타지 아니하더냐?(마음에 불이 타지 않더냐?)"라고 고백하고 있습니다. 연약하고 병든 성도들, 침체되고 낙망한 자들 때문에 가슴이 불타고 밤잠을 이루지 못하는 목자의 마음입니다. 반면에 성도가 여러 가지 장애물들이나 어려움들을 잘 극복하고 믿음이 자라가는 모습을 보면서 부모처럼 기뻐하고 감격해하는 모습, "이제는 살 것 같다", "숨통이 트인다"라고 말할 수 있는 그것이 바로 목자의 마음입니다. 저의 마음이고, 교사들이나 교회 리더들의 마음이어야 합니다.

사도 바울은 이런 소식을 듣고서 더욱더 그들을 보고 싶어 했습니다. 3장 10절 상반절을 보면 "주야로 심히 간구함은 너희 얼굴을 보고"라고 했고, 11절에서는 "하나님 우리 아버지와 우리 주 예수는 우리 길을 너희에게로 갈 수 있게 하시오며"라고 간구하고 있습니다. 그냥 보고 싶은 것이 아닙니다. 그는 그들이 왜 보고 싶은지에 대한 이유를 분명하게 밝힙니다. 만남과 교제의 기쁨이 있지만 그들의 "믿음의 부족한 것을 보충하게 하려 함이라"라고 10절 하반절에서 밝히고 있습니다. 사도 바울은 데살로니가 교인들이 피차간과 모든 사람에 대한 사랑이 더욱 넘치기를 바라고, 마음이 굳건해지고, 장차 주님이 재림하실 때에 하나님 우리 아버지 앞에서 거룩하고 흠이 없기를 바라고 있습니다. 바울이 써 보낸 서신들을 통해서도 그런 목적을 이룰 수는 있겠지만, 바울은 성도들을 직접 만나는 자리에서 그렇게 할 수 있기를 소망하고 있습니다. 사도 바울은 로마서 1장 11-12절에서도 이러한 필요성에 대해서 분명하게 밝힙니다.

> 내가 너희 보기를 간절히 원하는 것은 어떤 신령한 은사를 너희에게 나누어 주어 너희를 견고하게 하려 함이니 이는 곧 내가 너희 가운데서 너희와 나의 믿음으로 말미암아 피차 안위함을 얻으려 함이라 (롬 1:11-12)

바울은 사랑하는 성도들과 만나서 일방적으로 주기만 하는 것이 아니라 주고 받는 영적인 유무상통이 있다고 밝힙니다. 바울은 말씀으로 그들을 견고하게 세워 줄 수 있습니다. 반면 성도들의 믿음을 보고서 바울 역시도 위로를 받을 수 있습니다. 이것이 바로 성도의 교제인 것입니다. 서로의 가진 것을 가지고 영적으로 위로하고 세워 줄 수 있는 것이 바로 성도의 교제인 것입니다.

말씀을 정리하겠습니다. 우리는 사도 바울의 최초의 서신들 중 하나인 데살로니가전서를 통해서 막 쪄낸 찐빵과 같은 초대 교회의 모습을 살펴보는 중입니다. 시온의 영광이 빛나는 교회, 사도행전적인 교회의 영광을 회복하는 교회라고 했는데, 오늘 우리가 주목해서 살펴본 특징은 말씀의 사역자인 목회자와 성도들이 서로 간절히 보기를 원하는 교회라고 하는 것이었습니다. 바울은 데살로니가 교인들을 간절히 보고자 염원했고, 성도들 역시 바울을 간절히 보고자 했습니다. 부모와 자녀의 심정이었습니다. 그러나 왜 그렇게 간절히 보고 싶어 하는가 하는 이유와 목적을 알아야 합니다. 만나서 교제하니 즐겁고 기쁜 정도가 아닙니다. 바울은 데살로니가 교인들의 믿음이 자라는 것을 보고 싶어 했습니다. 그 일을 위해서 돕는 자가 되기를 원했습니다. 할 수만 있다면 직접 만나고자 했고, 만날 수 없다면 편지를 통해서, 디모데와 같은 동역자를 파송해서라도 그들의 믿음을 돕고자 했습니다.

목회자와 성도의 관계 역시 이러하기를 원합니다. 성도의 관계가 그러하기를 원합니다. 서로의 믿음을 통해서 위로를 받고 세워지기를 구합시다. 그리고 목회자 역시 늘 말씀으로 성도들의 믿음을 굳세게 세워 주고자 하는 일에 주안점을 두고 목회할 수 있기를 원합니다.

04 하나님의 뜻대로 행하는 교회

살전 4:1-12

수년 전에 TV를 통해서 접한 이야기입니다. 일본 아카지마 항에 가면 바다 쪽을 향해 서 있는 개 동상이 하나 있습니다. 그 개의 이름은 '시로'라고 합니다. 이 개는 3km 바다 건너에 있는 섬에 살고 있던 '마를린'이라는 개를 좋아해서 하루에 한 번씩 헤엄쳐서 갔다가 왔다고 합니다. 마를린이 교통사고로 죽고 매장되자 그 무덤에서 떠나지 않다가, 마침내 다시 바다를 또 건너서섬을 오가곤 했답니다. 그와 마를린 사이에서 태어난 강아지들을 만나기 위해서였습니다. 그렇다면 시로는 그렇게까지 하면서 왜 아예 그 섬에 가서 살지는 않았을까요? 바로 오래 전 자신을 구해 주었던 주인 때문이었습니다. 비록 짐승이지만 이런 숭고한 사랑을 기념해서 아카지마 항에 개 동상을 세웠다고 합니다. 어떻습니까? 감동이 느껴지십니까? 분명 그 개는 본능적으로 하나님이 기뻐하시는 동물적 삶을 산 것이라고 할 수 있을까요? 요즘 '개판'이라느니, '개만도 못하다'느니 그런 말을 인간사에 사용하곤 하는데, 과연 이런 개라면 그렇게 말할 수 있을까 하는 서글픈 마음이 듭니다.

사도 바울은 데살로니가 교인들, 자신이 잠깐 머무는 동안 전도해서 세운 이방인 교회를 바라보면서 무엇을 믿어야 하는지에 대해 점검하고, 그들을 보고 싶어 하는 간곡한 심정을 밝힌 후에, 4장에 들어와서는 믿음에 합당한 삶과 그리스도인다운 실천의 문제를 다룹니다. 1절을 보겠습니다.

> 그러므로 형제들아! 우리가 끝으로 주 예수 안에서 너희에게 구하고 권면하노니 너희가 마땅히 어떻게 행하며 하나님을 기쁘시게 할 수 있는지를 우리에게 배웠으니 곧 너희가 행하는 바라. 더욱 많이 힘쓰라 (1절)

바울의 서신을 읽어 보면 대체로 두 부분으로 나누어져 있습니다. 바울은 전반부에서는 믿음의 내용에 대해 다루고, 하나님이 하신 일에 대해서 말한 후에 은혜에 대해서 말합니다. 그리고 후반부에서는 항상 어떻게 살아야 하느냐, 복음에 합당한 삶이 무엇이냐, 은혜 받은 자의 삶이 무엇이냐에 대해 다루는 것을 볼 수 있습니다. 데살로니가전서 4장 1절에서도 마땅히 어떻게 행하며 하나님을 기쁘시게 할 수 있는지를 배웠고, 잘 행하고 있다고 칭찬하면서 더욱 많이 힘쓸 것을 권면하고 있는 것을 보게 됩니다.

2절을 보면 사도 바울은 그와 같은 삶의 교훈, 윤리적 교훈을 주 예수 그리스도의 명령이라고 말합니다. 여기서 '명령'이란 군대 용어입니다. 군인이 명령대로 행해야 하듯이, 주님의 명령에도 순종만이 있을 뿐이라는 것입니다. 북한의 구호 중에 "당이 명하시면 우리는 한다"라는 구호가 있습니다. 엉뚱한 데 바쳐지는 충성심은 문제입니다. 그러나 이런 마음 자세가 후일에 신앙적으로 바뀐다면 얼마나 큰 위력을 발휘하겠습니까? 주님이 명령하시면 우리는 무조건 순종한다고 하는 자세가 될 수 있지 않겠습니까?

우리는 하나님의 피조물이기에 당연히 하나님의 뜻대로, 그리고 하나님이 정하신 목적대로 살아야 합니다. 그러나 타락한 인생들의 의지는 굽어 있기 때문에, 인간은 그렇게 살고자 하지 않으며 그렇게 살 수도 없습니다. 하지만 이제 예수 그리스도의 은혜로 구속받은 그리스도인들에게는 선을 행할 수 있는 자유가 주어졌습니다. 미약하고 부족해도 이제는 죄를 짓지 않고 선을 행할 수 있는 자유가 주어졌습니다. 은혜 받은 자의 마땅한 삶의 자세는 감사의 삶입니다. 받은 사랑을 인식한다면, 감사한 마음으로 그 사랑을 베푼 자를 기쁘게 하고자 하는 법입니다. 바울은 에베소서 5장 10절에서 "주를 기쁘시게 할 것이 무엇인가 시험하여 보라"라고 권면하고 있습니다. 오늘 본문에 의하면 하나님을 기쁘시게 하는 삶, 하나님의 뜻대로 사는 삶에 대해서 세 가지를 말하고 있습니다.

하나님을 기쁘시게 하는 것은 성도의 거룩한 삶입니다

3절을 봅시다.

하나님의 뜻은 이것이니 너희의 거룩함이라 (3절)

그리고 4절에도 "각각 거룩함과 존귀함으로"라고 말했고, 7절에도 "하나님이 우리를 부르심은 부정하게 하심이 아니요 거룩하게 하심이니"라고 말씀하고 있고, 8절에서는 우리에게 주신 영이 '성령'(Holy Spirit), 즉 거룩한 영이라고 밝히고 있습니다. 바울에 의하면 하나님께서 우리 성도들에게 원하시는 것은 바로 거룩입니다. 레위기 11장 45절과 같은 구절을 보면 과거 구약 백성들을 구속하신 후에도 "나는 너희의 하나님이 되려고 너희를 애굽 땅에서 인도하여 낸 여호와라. 내가 거룩하니 너희도 거룩할지어다"라고 말씀하는 것을 볼 수 있습니다. 그리고 신약의 구속받은 무리를 성도-거룩한 무리라고 합니다.

그렇다면 거룩이 무엇일까요? 일차적으로는 하나님에 의해서 구별되었다는 뜻입니다. 우리는 교회당 안에 있는 피아노, 오르간, 강대상 이런 것들을 성물이라고 합니다. 이는 재질이 다르거나 비싸다는 말이 아니라 하나님을 섬기기 위한 목적으로 구별되었다는 의미입니다. 물건의 값이 비싸든지 싸든지 관계없이 그렇다는 말입니다. 마찬가지로 사람이 잘났든지 못났든지 상관없이, 일단 예수 그리스도를 믿으면 성도라고 부릅니다. 고린도전서를 보면 문제가 많았던 고린도 교인들을 보고 성도라고 바울은 불렀습니다. 믿는 자는 누구나 구속받고 구별되었기 때문에 신분적인 차원에서 성도가 되었기 때문입니다.

그러나 거룩은 신분적 수준에서만 생각할 것이 아니고 수준적인 측면에서도 생각해야 합니다. 물론 우리가 신분적 수준에서의 성도라고 하면 구원에 대한 확신을 가질 수가 있습니다. 그러나 구원받은 자의 삶은 수준적 측면에서의 거룩함을 이루어가는 것입니다. 이것을 '성화'(sanctification)라고 부릅니다. 성화는 수준적으로 성도다워져 가는 것을 말합니다. 우리가 다 믿으면 하나님의 자녀이지만, 마태복음 5장 9절은 화평케 하는 자가 하나님의 자녀라 불릴 것이라고 말씀하고 있습니다. 부전자전, 자녀다운 삶을 살고 있다는 의미입니다. 신분적인 의미를 넘어서 수준적인 의미에서 그렇게 불리는 것입니다.

그렇다면 본문에서 하나님의 뜻은 거룩함이라고 할 때의 '거룩함'은 무엇일까요? 신분적 의미에서의 거룩이 아니라, 수준적 차원에서의 거룩해져 감을 의미합니다. 구체적인 삶 속에서 거룩을 이루어 가는 것을 권하고 있습니다. 우리의 가치관과 삶의 변화를 말합니다. 바울은 본문에서 특히 성(sex)의 문제를 언급하고 있습니다. 바울의 권면은 부정적인 것과 긍정적인 것으로 나누어집니다. 바울은 부정적으로는 "음란을 버리고… 하나님을 모르는 이방인과 같이 색욕을 따르지 말고"(3절b, 5절)라고 권면합니다. 고대 로마 헬라 사회는 오늘날 못지 않게 성적으로 부도덕한 사회였습니다. 그리고 그것을 아주 정당하게 생각하던 사회였습니다. 심지어 동성애도 버젓이 용인되던 사회였습니다. 모든 직장생활이나 사업 활동이 우상 숭배와 연관되어 있었고, 우상 숭배에는 성전 창기들과 음행하는 것이 포함되어 있었습니다. 흔히 그리스 로마의 여신들인 아프로디테, 비너스, 다아애나 등 여신 숭배가 다 그렇게 외설적이었고, 데살로니가인들의 카비리 숭배도 마찬가지였습니다. 그리고 남자들은 정부를 두고, 첩을 취할 뿐만 아니라 창녀를 가까이하는 것을 당연시했습니다. 합법적으로 결혼한 아내의 역할은 집안을 돌보고 합법적으로 나은 자녀의 양육을 책임질 뿐이었습니다. 예상할 수 있듯이 그런 사회에서는 결혼에 대한 책임감도 약해서, 이혼이 흔하게 발생했습니다. 유대교의 경우에도 남자가 원할 경우 마음대로 이혼 가능한 사회였습니다(마 19장).

그런 방탕한 삶을 살던 사람들이 이제 그리스도인이 되었습니다. 그렇다면 이제 교회만 나가면 되는 것일까요? 신앙의 대상만 바꾸면 그만일까요? 결코 아니라는 것입니다. 하나님은 거룩한 삶을 요구하신다는 것입니다. 하나님을 기쁘게 하는 삶을 살고자 한다면 거룩한 삶을 살아야 한다고 권면하는 것입니다. 바울은 특히 그 거룩은 결혼 생활을 통해서 드러나야 한다고 권면합니다. 그리고 음란을 버리고 색욕을 따르지 말라고 권면합니다.

바울은 긍정적으로는 "각각 거룩함과 존귀함으로 자기의 아내 대할 줄을 알고"라고 권면합니다. 그리스의 현인이었던 아리스토텔레스는 여자의 영혼은 남자에 비하면 절반이라고 말했기 때문에, 당시 사람들은 여자들은 반쪽 자리 영혼, 덜 된 인간으로 과소평가했습니다. 하지만 바울은 거룩함과 존귀함으로 자기 아내를 대할 줄을 알아야 한다고 말합니다. 하나님의 형상으로 지음 받은 동료 피조물이자, 그리스도의 보혈로 구속받은 하나님의 자녀로 대해야 한다는 것입니다. 베드로전서 3장을 보면 베드로 사도도 남편들에게 권면하기를 아내와 생명의 유업을 함께 나눌 자로 알고, 또한 관계가 악화되면 기도가 막힌다는 점을 기억하라고 말씀하고 있습니다. 부부간의 관계가 잘못되면 하나님과의 관계에서도 문제가 생기는 것입니다.

우리가 믿는 기독교 결혼관에 의하면 결혼은 인륜 질서이기 이전에 하나님이 창조하신 창조 질서에 속합니다. 결혼과 가정이라는 제도도 하나님이 창조시에 만드신 질서이자 축복입니다. 인간이 마음대로 철폐할 수 있는 제도가 아닙니다. 그리고 하나님의 창조 규례에 의하면 결혼은 일부일처간에 가능하고, 이성

간의 결혼만 허용됩니다. 성경은 동성애를 허용하지 않습니다. 그리고 결혼 후에 어떤 이유로든 이혼하지 않는 것이 최선이라는 것도 분명하게 가르칩니다. 물론 그리스도인이라도 이혼할 수 있는 경우가 있습니다. 첫째, 배우자의 외도, 음행의 연고인 경우입니다. 둘째, 고린도전서 7장에 의하면 안 믿는 부부로 살다가 어느 한쪽이 예수를 믿게 된 경우, 만약 불신자가 신자에게 헤어지자고 하면 바울은 구애됨이 없이 헤어지라고 했습니다. 그러나 어떤 경우에도 결혼을 지키는 자가 더 복음적으로 센 자라는 사실도 잊지 말아야 합니다.

6절을 보면 바울은 경고를 하고 있습니다.

> 이 일에 분수를 넘어서 형제를 해하지 말라. 이는 우리가 너희에게 미리 말하고 증언한 것과 같이 이 모든 일에 주께서 신원하여 주심이라 (6절)

분수를 넘어서 형제를 해한다는 것은 무슨 말일까요? 일부일처의 결혼 제도 밖의 혼외 정사는 결국 정당한 결혼 관계에 있거나 미래에 결혼하게 될 배우자에 대해서 해를 끼치는 것이라는 의미입니다. 만약에 결혼을 한 사람이 제3의 이성과 사귀게 되는 경우에는 자기의 남편이나 아내에게 해를 끼치는 것이요, 혹은 남의 아내나 남편에게 해를 끼치는 것입니다. 그리고 그런 상황에서는 거짓말의 죄를 지을 뿐만 아니라 탐심의 죄도 짓게 됩니다. 그뿐만 아니라 하나님의 질서를 어기는 것이므로 하나님께도 죄를 짓는 것이 됩니다. 이처럼 합법적이지 않은 관계를 맺고 사는 것은 십계명 전부를 깨트리는 것과 같습니다. 그러므로 바울은 "이는 우리가 너희에게 미리 말하고 증언한 것과 같이 이 모든 일에 주께서 신원하여 주심이라"라고 강하게 경고하는 것입니다. 하나님께서 신원하신다는 말은 하나님이 원수를 갚아 준다는 말입니다. 즉, 하나님이 공의롭게 심판하실 것이라는 의미입니다.

7-8절을 보면, 바울은 이것을 종합해서 말씀하고 있습니다.

> 하나님이 우리를 부르심은 부정하게 하심이 아니요 거룩하게 하심이니 그러므로 저버리는 자는 사람을 저버림이 아니요 너희에게 그의 성령을 주신 하나님을 저버림이니라 (7-8절)

하나님의 뜻은 거룩함에 있지 부정이나 불결, 불의, 부도덕을 용인하는 데 있지 않습니다. 설령 그런 삶을 살다가 그리스도인이 되었다고 하더라도 진정으로 뉘우치고 회개하며 거룩함을 추구해야 합니다. 합당한 결혼 관계가 아닌 이성 간의 관계에 놓여 있다고 한다면 모두 정리해야 합니다. 첩을 취했다면 관계를 해지해야 합니다. 동거를 하고 있다면 합법적으로 혼인 신고를 하든지 결혼을 하고 살아야 합니다. 그렇게 하지 않고 합당하지 못한 관계를 유지하는 것은 사람을 저버리는 것이 아니라 우리에게 성령을 주신 하나님을 저버리는 것입니다. 그런 문제는 신경쓰지 않고 하나님과만 잘 지내보겠다고 하는 것은 참으로 어리석은 생각입니다. 성령은 거룩하신 영이기 때문에 죄를 고집하는 곳에 역사하시지 않습니다. 하나님은 우리를 사랑하지만 우리의 죄나 잘못된 관계까지 사랑하는 것은 아니라는 것을 분명히 알아야 합니다.

우리는 긍정적으로 말해서 부부간에는 에베소서 5장 22절에서 33절까지의 말씀과 같이, 아내는 남편을 존경하고 남편은 아내를 사랑하라고 하는 말씀에 순종해야 합니다. 이를 위해서 하나님은 우리에게 성령의 충만함을 허락하셨습니다. 부부는 서로의 거룩한 관계를 위해서 성령 충만을 구하시기를 바랍니다. 하나님은 우리의 거룩을 원하신다는 것을 잊어서는 안 됩니다. 거룩을 사모해야 합니다. 삶 속에서 역사하고 열매 맺는 거룩을 사모해야 합니다.

하나님을 기쁘시게 하는 것은 형제를 사랑하는 것입니다

9절 말씀입니다.

형제 사랑에 관하여는 너희에게 쓸 것이 없음은 너희들 자신이 하나님의 가르치심을 받아 서로 사랑함이라 (9절)

여기서 형제 사랑이라는 말은 같은 피를 나눈 육친을 사랑하는 것도 포함되지만, 우선은 그리스도 안에서 하나 된 다른 성도들에 대한 사랑을 뜻합니다. 그런데 이것을 데살로니가 교인들이 이미 잘 하고 있다고 말합니다. 10절을 보면 온 마게도냐 모든 형제에게 사랑을 실천하고 있다고 말합니다. 그리고 바울은 "형제들아! 권하노니 더욱 그렇게 행하라"라고 권면합니다. 9절을 보면 형제 사랑을 "하나님의 가르치심을 받아"라고 말씀하는데, 이는 어떤 직통 계시를 받았음을 의미하는 말이 아닙니다. 성경을 통해서 가르쳐졌다고 하더라도 하나님의 가르침을 받는 것입니다.

형제 사랑은 선택 사항이 아닙니다. 우리가 하나님을 아버지로 믿는다면, 우리는 그의 가족을 사랑하고 섬겨야 할 의무가 있습니다. 예수님께서는 요한복음 13장 34-35절에서 "새 계명을 너희에게 주노니 서로 사랑하라. 내가 너희를 사랑한 것같이 너희도 서로 사랑하라. 너희가 서로 사랑하면 이로써 모든 사람이 너희가 내 제자인 줄 알리라"라고 말씀하셨습니다. 우리가 서로 사랑할 때에 세상 사람들은 '교회가 다르다', '예수 믿는 사람들이 다르다'라고 인정하게 됩니다. 초대 교회 역사 가운데도 이방인들이 놀란 것 중의 하나가 그리스도인들이 피 한 방울 섞이지 않은 남남이면서도 지극정성으로 사랑하는 것이었습니다. "보라 저들이 얼마나 사랑하는가!"라고 감탄했습니다. 이 시대에도 시온의 영광이 빛나는 교회의 특징 중 하나는 바로 형제 사랑이 넘치는 교회가 되는 것입니다.

요한일서를 보면 형제 사랑에 대해서 많이 강조하고 있고 자세히 권면하고 있는 것을 보게 됩니다. "하나님은 사랑이심이라"라는 말씀도 4장 8절 하반절에 있습니다. 그리고 4장 10절을 보면 "사랑은 여기 있으니 우리가 하나님을 사랑한 것이 아니요 하나님이 우리를 사랑하사 우리 죄를 속하기 위하여 화목 제물로 그 아들을 보내셨음이라"라고 말씀합니다. 그리고 20-21절을 보면 "하나님만 사랑하면 되지 않느냐"라고 반문하는 사람들에게 "누구든지 하나님을 사랑하노라 하고 그 형제를 미워하면 이는 거짓말하는 자니 보는 바 그 형제를 사랑하지 아니하는 자는 보지 못하는 바 하나님을 사랑할 수 없느니라. 우리가 이 계명을 주께 받았나니 하나님을 사랑하는 자는 또한 그 형제를 사랑할지니라"라고 말씀합니다. 그리고 3장 16-18절을 보면 형제 사랑에 대해서 아주 강력하게 말씀해 줍니다.

그가 우리를 위하여 목숨을 버리셨으니 우리가 이로써 사랑을 알고 우리도 형제들을 위하여 목숨을 버리는 것이 마땅하니라. 누가

> 이 세상의 재물을 가지고 형제의 궁핍함을 보고도 도와 줄 마음을 닫으면 하나님의 사랑이 어찌 그 속에 거하겠느냐? 자녀들아! 우리가 말과 혀로만 사랑하지 말고 행함과 진실함으로 하자 (요일 3:16-18)

사랑의 사도라고 하는 요한은 제자들 중에 가장 오래 살다가 소천한 사람입니다. 나이가 들어서 늙어서 힘이 없어 젊은이들의 등에 엎혀서 에베소 교회를 와서 손을 힘없이 흔들면서 "소자야! 사랑하라"라는 말을 반복했다고 합니다. 누가복음 9장을 보면 "사마리아인들이 예수님 일행을 영접하지 않는다고 불을 명하여 바비큐가 되게 할까요"라고 말해서 우레의 아들이라는 별명을 얻었던 그 요한이 그만큼 사랑의 사도로 변하게 되었다는 것은 참으로 감동적인 일이고, 우리에게 도전을 줍니다. 우리도 그리스도 안에서 형제자매를 사랑해야 한다는 것을 잘 알면서도 실천하기가 어려울 때가 있습니다. 그러나 결국 우리가 하나님의 자녀라고 하면 외면할 수 없는 의무가 바로 형제 사랑이라는 것을 기억해야 합니다. 적어도 우리는 예수 그리스도 안에서 한 몸의 지체가 되었다고 하는 것을 인정하는 자들이 되어야 합니다. 우리의 수준에서 할 수 있는 대로 사랑을 실천해야 하는 것입니다. 그러다가 보면 요한처럼 성숙한 데로 자라가게 될 것입니다.

하나님을 기쁘시게 하는 방법은 자기 일을 성실하게 하는 것입니다

11절 말씀을 살펴보겠습니다.

또 너희에게 명한 것같이 조용히 자기 일을 하고 너희 손으로 일하기를 힘쓰라 (11절)

우리가 바울의 권면하는 바를 주의 깊게 읽어 보면 설립된 지 얼마 되지 않는 데살로니가 교회 교우들 가운데는 임박한 재림에 대한 신앙 때문에 자기 일을 손놓고 빈둥대는 사람들이 생긴 것을 알 수 있습니다. 우리가 1992년 다미선교회 파동 때 잘 보았듯이 잘못된 종말론이 신앙에 적용되면 직장을 그만두고 재산을 다 바쳐 버리는 식으로 가게 됩니다. 자기 가진 것 다 먹고 써 버리고 남의 것에 기대서 먹으려 하고, 그리고 남는 시간에는 데살로가후서 3장 11절에 있는 대로 "게으르게 행하여 도무지 일하지 않고 일을 만들기만 하는 자들"이 되는 것입니다. 집집마다 돌아다니거나 그룹을 지어서 말만 하고 논쟁만 하는 등 쓸모없는 일을 하는 이들이 생겨난 것입니다. 다미선교회 식으로 종말론을 생각하면 하던 일을 다 떼려 치우고 재산도 다 바치고 자기네들끼리 모여서 집회만 하게 되는 것입니다.

질문을 하나 드리겠습니다. 성경은 예수님의 재림의 때를 우리에게 알 수 없다고 했는데, 만약 우리가 그때를 안다면 어떻게 살겠습니까? 재림이 임박하다고 알면 어떻게 할 것입니까? 데살로니가 교인들 중 일부나 다미선교회처럼 하던 일을 멈추겠습니까?

오래 전 미국 동부 지역에서 교단 총회가 열리고 있었습니다. 총회 중 정오가 되었을 때쯤 갑자기 하늘이 어두워지면서 회의장이 캄캄해지는 일이 발생했습니다. 이때 회의에 참석했던 어떤 사람이 두려움에 사로잡힌 채 소리쳤습니다. "주님이 오신다. 세상 종말이 되었다"라고 말입니다. 갑자기 회의장이 어수선해지기 시작했습니다. 이때 나이 든 총회장이 촛불을 가져오라는 지시를 내렸습니다. 총회장은 촛불을 가져다가 불을 켜게 한 후에 회의를 속계하면서 이렇게 말했습니다.

> "주님이 오셔서 우리가 해야 하는 일을 계속하고 있는 모습을 보여 드리는 것보다 더 좋은 모습이 어디에 있겠습니까?"[12]

이것이 종말을 바르게 준비하는 자세입니다. 종교 개혁자 마르틴 루터(Martin Luther, 1483–1546)는 내일 지구 종말이 온다고 해도 한 그루의 사과나무를 심겠다고 했고 감리교의 창시자 존 웨슬리(John Wesley, 1703–1791)는 내일 주님이 오신다고 해도 내일 내가 하기로 계획된 일을 하다가 만나 뵙겠다고 했습니다. 이것이 거룩한 삶의 자세요 하나님을 기쁘시게 하는 삶의 자세인 것입니다.

다시 본문으로 돌아가서 보면 사도 바울 역시도 주님의 재림이 임박하니 손놓고 하늘만 쳐다 보고 있으라고 말하지 않습니다. 본문 11절을 보면 오히려 "조용히 자기 일을 하고 너희 손으로 일하기를 힘쓰라"라고 권면하고 있습니다. 이는 바울이 데살로니가에 머물 때 사도의 권위로 이미 이와 같이 명령했던 바입니다. 에베소서 4장 28절 하반절에도 보면 "가난한 자에게 구제할 수 있도록 자기 손으로 수고하여 선한 일을 하라"라는 권면의 말을 하고 있습니다. 자기 맡은 일을 성실하게 감당하여 자기 살림살이에 필요한 것도 벌 뿐만 아니라 선한 일에 힘을 쓰라는 것입니다. 데살로니가후서 3장 12절을 보면 바울은 그런 자들에게 "우리가 명하고 주 예수 그리스도 안에서 권하기를 조용히 일하여 자기 양식을 먹으라 하노라"라고 강력하게 명하는 것을 볼 수 있습니다. 그런데 우리가 바울의 말을 주의 깊게 보면 바울은 '손으로 수고하라', '일을 힘쓰라'라는 표현을 했는데, 우리나라 조선 시대처럼 당시 헬라, 로마 사회는 손으로 일하는 사람을 천시하던 시대입니다. 그런 시절에 교인들을 향하여 너희 손으로 수고하여 일하라고 권하는 것은 육체 노동을 높이 평가해 주는 것이기도 하고, 데살로니가 교인들이나 에베소 교인들 대다수가 화이트 칼라나 귀족 계급이 아니라 블루 칼라(blue color)였다고 하는 점을 반영해 주고 있습니다. 고린도후서 8장 2절을 보면 그들은 많은 환난을 받았을 뿐만 아니라 극심한 가난을 경험하고 있었습니다.

본문 11절과 12절을 같이 살펴보도록 합시다. 바울은 11절에서 "또 너희에게 명한 것같이 조용히 자기 일을 하고 너희 손으로 일하기를 힘쓰라"라고 권면을 한 후에 이어지는 12절에서는 그 이유를 이렇게 설명해 줍니다.

> 이는 외인에 대하여 단정히 행하고 또한 아무 궁핍함이 없게 하려 함이라 (12절)

바울에 의하면 손수 수고해서 벌어 먹고 살아야 할 이유는 그렇게 함으로써 외인들에 대해서는 단정히 행하고, 즉 외인들이 볼 때에 덕이 되고, 비방거리가 되지 않으며, 자신의 생계는 자신이 책임져서 궁핍함이 없게 된다는 것입니다. 물론 바울은 지금 스스로 어쩔 수 없는 상황에서 실업자가 된 사람들을 나무라는 것이 아닙니다. 일할 기회가 있음에도 불구하고 종말 신앙을 핑계로 일하지 않는 사람들을 책망하는 것입니다. 그리고 힘이 없고 연약해서 일할 수 없고 자기 삶을 책임질 수 없는 사람들에 대한 도움과 긍휼을 베푸는 사역을 하지 말라는 의미가 아닙니다. 일할 수 있는 자, 그리고 일할 기회가 있는 자는 일해서 자기 살림을 책임지라는 것입니다. 그리고 일할 기회가 없으면 찾으라는 이야기입니다. 노력도 해 보지 않고 백수, 백조 타령하는 것은 건전한 신앙 생활이 아닙니다. 도리어 기회가 없으면 기회를 달라고 기도하고, 주어진 대로 맡겨진 일을 성실하게 해야 합니다. 믿고 맡길 만한 신실한 일꾼이 되어야 합니다. 그래서 불신자들에게조차도 "예수 믿는 사람들이 하는 일은 확실하더라", "믿고 맡길만 하더라"라는 칭찬을 들어야 합니다. 그것이 바로 복음을 전하는 또 하나의 방식이 됩니다.

이제 말씀을 정리하겠습니다. 이번 장에서 우리는 데살로니가전서 4장의 말씀을 통해서 어떻게 해야 우리 개개인의 성도들이나 교회가 하나님을 기쁘시게 하는 삶을 살 수 있는가에 대해서 살펴보았습니다. 우리는 하나님의 뜻을 행하는 삶을 살아야 합니다. 하나님의 뜻은 성경 전체에 계시되어 있지만, 데살로니가전서 4장 본문을 통해서 확인한 것은 크게 봐서 세 가지입니다.

첫째, 하나님은 부정과 불의, 부도덕이 아니라 우리에게 거룩을 요구하신다는 것입니다. 하나님은 거룩한 무리, 그것이 성도의 의미이기에, 성도답기를 원하십니다. 특별히 결혼 생활 속에서의 거룩과 성의 거룩한 사용을 말씀하십니다. 하나님이 주신 귀한 선물이지만 가장 더럽혀지고 혼돈이 많은 것이 바로 이 영역입니다. 2천 년 전이나 현대에나 하나님은 결혼 생활에 있어서의 거룩한 삶을 원하신다는 것을 잊지 말고 실천하기 바랍니다.

교회 내에서도 이성 간의 정결한 관계, 내 자매, 내 형제를 대하듯이 대하기를 바랍니다. 청년들 간에 교제하는 것은 좋습니다. 그러나 하나님 앞에서 책임질 만한 도리에 맞는 관계를 추구하기를 바랍니다.

두 번째 하나님의 뜻은 형제를 사랑하라는 것입니다. 우리가 육신의 형제자매를 사랑한다는 것은 본성적이고 본능적인 것입니다. 그러나 하나님이 요구하시는 형제 사랑이란, 그리스도의 보혈로 한 피를 받아 한 몸을 이룬 그리스도 안에서의 형제자매들, 교인들에 대한 사랑을 말합니다. 누군가는 "우리가 무슨 피가 섞였냐?", "우리가 뭐 그리 중요한 관계이냐?"라고 물어볼지도 모르지만, 육신의 피보다 더 고귀하고 영원한 그리스도의 보혈로 하나 된 관계가 바로 그리스도인들의 관계입니다. 그리고 한 몸의 지체들 간에는 서로 사랑하고 상부상조해야 합니다. 기도로 돕고, 말로 돕고, 서로 성장해 갈 수 있도록 사랑해야 합니다.

세 번째 하나님의 뜻은 주님의 재림이 가깝다는 핑계로 게을러지지 말고 자기가 맡은 일을 성실한 자세로 수행하라는 것입니다. 물론 우리는 주님이 재림하시면 모든 수고와 노고를 그치게 될 것입니다. 하지만 이 땅 위에 사는 동안은 우리에게 주어져 있는 삶에 성실하게 임해야 합니다. 우리 손으로 수고하여 돈을 벌어서 가정 생계를 꾸리고 나아가 하나님이 기뻐하시는 선한 일에 힘쓸 수 있기를 바랍니다. 하나님께서는 그러한 신실하고 성실한 삶의 증거를 기뻐한다는 것을 우리는 기억해야 합니다. 우리나라의 이무하 씨가 부른 CCM을 보면 종말론적으로 살아가야 할 성도의 삶을 잘 노래하고 있습니다.

> 주께서 주신 동산에 땀 흘리며 씨를 뿌리며
> 내 모든 삶을 드리리 날 사랑하시는 내 주님께
> 비바람 앞을 가리고 내 육체는 쇠잔해져도
> 내 모든 삶을 드리리 내 사모하는 내 주님께
> 땅 끝에서 주님을 맞으리 주께 드릴 열매 가득 안고
> 땅 끝에서 주님을 뵈오리 주께 드릴 노래 가득 안고
> 땅의 모든 끝 찬양하라 주님 오실 길 예비하라
> 땅의 모든 끝에서 주님을 찬양하라
> 영광의 주님 곧 오시리라 ♪

05 부활의 소망을 가진 교회

살전 4:13-18

1979년부터 1990년까지 영국의 총리를 지낸 철의 여인 마가렛 대처(Margaret Thatche, 1925-2013)를 다룬 영화가 개봉되었습니다. 아카데미 여우주연상까지 받은 작품이지만 그다지 흥행하지는 못했습니다. 영국이 붕괴되기 직전에 최초로 여성 총리가 되어서 위기를 극복한 대단한 여성 지도자입니다. 그런데 이 영화는 노경의 대처가 남편과 사별하고 정신이 조금씩 깜빡거리는 상황에서 회상하는 형식으로 되어 있어서 좀 우울한 분위기를 자아내는 영화입니다. 그러나 적어도 중요한 것은 사랑하는 이를 사별했을 때 남은 배우자의 충격이 얼마나 클 수 있는지를 잘 보여 준다는 생각이 듭니다. 마치 살아 생전처럼 남편이 곁에서 일상 생활을 하고, 말을 걸어오기도 하고, 대답을 하기도 합니다. 비단 배우자와의 사별뿐만 아니라 사랑하는 이와 사별하는 것은 너무나 고통스러운 일입니다. 2011년 1월 22일에 80세의 나이로 별세한 가톨릭 신자이자 유명한 여류 소설가였던 박완서 씨는 26세 된 독자를 잃었습니다. 결혼도 하지 않고 젊은 나이에 자신의 곁을 떠나간 아들의 죽음 때문에 그녀는 헤어 나올 길 없는 참담함의 수렁에 빠져 들었습니다. 남아 있는 4명의 딸들이 많은 위로를 시도했지만, 그녀는 좀처럼 생때같은 자식을 잃어버린 비애와 죄책감에서 헤어 나오지 못했습니다. 그녀는 처음 1달여 동안은 곡기를 끊고 살았고, 그 기간 동안 늘 맥주에 취해서 잠을 청하곤 했다고 합니다. 이해할 수 없는 고난, 해답이 쉽사리 주어지지 않는 이별의 아픔, 그녀는 가톨릭 천주교 신자였기에 많이도 부르짖었고, 심지어는 하나님께 불평과 원망을 넘어서 악을 써 보기도 했습니다. 그러다가 수녀원에 가서 한 수녀와의 대화를 통해서 마음의 상처를 극복한 전기를 저술하게 되었습니다. 그 과정을 담고 있는 책이 『한 말씀만 하옵소서』라고 하는 책입니다.

이미 우리 대부분은 한 번쯤 사랑하는 사람을 먼저 죽음의 세계 너머로 떠나 보낸 경험이 있을 것입니다. 때문에 그것이 얼마나 혹독하고 힘든 일인지도 나름 잘 알고 있을 것입니다. 미국 예일대학교의 종교철학 교수이자 개혁주의 신학자인 니콜라스 월터스토프(Nicholas Woterstorff, 1932–)도 20대의 아들을 등반 중 실족사로 먼저 보내고 나서 너무너무 힘들어하는 모습을 보여 주었습니다. 어떤 목사님도 젊은 자녀를 잃었습니다. 사람들이 조문을 와서 별의별 말로 위로를 했습니다. 심지어는 "안 낳은 셈 치세요"라고 하는 사람도 있었습니다. 이 말에 얼마나 화가 났는지

몰랐답니다. 아니, 이미 낳아서 길렀고 사랑의 추억들이 그렇게 많은데 어떻게 안 낳은 셈 치라는 것입니까! 오히려 아무 말도 하지 못하고 자기를 붙잡고 눈물만 글썽이던 사람이 더 위로가 되더라고 했습니다.

본문에도 보면 사도 바울은 바로 그와 같이 사랑하는 가족들과 사별하고 나서 슬픔에 잠겨 있는 데살로니가 교인들을 복음적으로 지도하고 위로하고 있습니다. 많은 목회자들이 그렇지만 저는 주로 이 본문을 하관식에서 설교하곤 합니다. 아마도 내용은 우리가 익숙하게 알고 있을 내용입니다. 그러나 저는 연속 강해의 순서에 따라서 이 말씀을 다시금 여러분과 함께 나누기를 원합니다. 그리고 18절에 있는 대로 우리가 이 설교를 들으면서 위로를 얻게 되기를 바랍니다. 또한 바울이 권면한 대로 슬픔을 당한 성도들이나 지인들에게 "그러므로 이러한 말로 서로 위로하라"라는 권면을 실천할 수 있기를 바랍니다.

과도한 슬픔이 아니라 위로하라

우리에게 '기독교 신앙을 가지고 있느냐, 아니냐'의 차이가 두드러지게 나타나는 계기는 많습니다. 그중에서 특히 임종의 때와 장례식 때가 좋은 계기가 되는 것 같습니다. 예수 그리스도를 믿지 않고 살던 사람들의 장례식에는 희망적인 요소가 별로 없습니다. 왜냐하면 죽음 이후의 삶에 대해서 전혀 알지 못하기 때문입니다. 심지어는 하늘을 섬기고 죽은 조상을 잘 섬겨야 한다고 강조한 공자조차도 『논어』 선진 편에 보면 이런 일화를 기록하고 있습니다.

季路問事鬼神 子曰, 未能事人 焉能事鬼

계로가 귀신을 섬기는 것을 물으니, 공자께서 말씀하셨다. "아직 사람도 섬길 수도 없으면서 어찌 귀신을 섬길 수가 있겠느냐?"

曰, 敢問死 曰, 未知生 焉知死

계로가 말하였다. "감히 죽음을 묻습니다." 공자께서 말씀하셨다. "아직 삶도 알지 못하는데 어찌 죽음을 알겠느냐?"

우리는 공자의 고백이 정직하고 진솔한 고백이라고 생각할 수 있습니다. 그리스의 현인 소크라테스는 삶을 죽음에 대한 준비라고 강조했지만, 그 역시도 죽음 이후의 세계에 대해서는 잘 알지 못했습니다. 어떤 이는 죽음이란 육신의 감옥을 벗어나 영혼이 자유로워지는 것이라고 하기도 했지만, 어떤 이는 죽고 나면 그 영혼이 음령이 되어서 하데스(Hades)를 헤매고 다닌다고 생각하기도 했습니다.

이렇게 사람은 죽고 나서 어디로 가는지 알지 못하기 때문에,

혹은 그 존재가 계속되는지 아니면 멸절되고 마는지를 모르기 때문에 불신자들의 임종은 고통스러울 수밖에 없습니다. 그뿐만 아니라 남겨진 유족들이나 지인들은 뭐라고 표현하기 어려운 비애감과 상실감을 느끼게 되는 것입니다. 다시 만날 수 없을 거라는 생각에 대성통곡하고, 평소에 잘 해 주지 못한 것들이 생각이 나서 또 통곡할 수밖에 없습니다. 공자는 나이 드신 부모님을 생각하면 끝맺음에 대해서 공구(恐懼)한 자세로, 즉 공경하는 마음과 두려워하는 마음으로 준비해야 한다고 가르쳤습니다. 그리고 장례의 예를 대단히 강조합니다. 그러다 보니 바가지 요금이 극성을 부리기도 한 적이 있습니다. 삼수갑산 북망산에 갔다는데, 유명을 달리했다는데, 명복을 빌어 보지만 아무런 위로가 되지 못하는 것입니다. 어떤 부인은 남편의 관을 하관할 때 나도 같이 묻어 달라고 하면서 뛰어든 사람도 있다고 합니다. 그렇게 하는 것은 철저한 절망이요 과도한 슬픔의 표현인 것입니다.

그러나 예수 그리스도를 잘 믿는 이들의 임종과 장례는 어떻습니까? 물론 슬픔의 요소가 분명히 있습니다. 하지만 전반적으로 영광스럽습니다. 임종하면서도 "나 먼저 천국 간다. 예수님 잘 믿고 오너라"라고 하면서 갑니다. 어떤 분들은 자신이 부름 받을 때도 정확하게 압니다. 그뿐만 아니라 장례를 치룰 때에도 "뭐라고 드릴 말이 없습니다"라는 정도의 위로가 아니라 소망을 말할 수 있습니다. 목사도 감히 담력을 가지고 장례 설교를 할 수 있는 것은 18절 말씀하는 대로 주님께서 주시는 위로의 말씀이 있기 때문입니다. 이화여대 총장이었던 김활란 박사는 죽어 가면서 가족들에게 장례송을 부르지 말고 행진가를 불러 달라고 주문했습니다. 자신은 죽어 없어지는 것이 아니라 천국에 가기 때문이라는 것입니다. 그리고 비산동교회를 설립했고 동산병원 원목을 지내셨던 김치영 목사님은 암으로 75세에 소천하기 전에 죽음의 준비를 했습니다. 가족들에게 장례식 할 때 상복도 입지 말아 달라고 요청했고, 마지막에 다 손을 잡고 "삼천리 반도 금수강산 하나님 주신 동산… 일하러 가세, 일하러 가"라는 찬송을 부르게 했습니다. 마틴 로이드 존스 목사님은 1981년에 병상에서 쇠진하여 죽어 가면서 마지막에는 말도 할 수 없게 되자 떨리는 손으로 아내와 딸들에게 "내 병을 낫게 해 달라고 기도하지 마라. 그 영광에 이르는 것을 막지 말라"라고 썼습니다.

물론 모든 그리스도인들이 이처럼 사생관이 분명한 것은 아닙니다. 그런 점에서 이 본문은 도움이 될 것입니다. 사도 바울이 데살로니가에서 3주간 복음을 전하여 믿게 된 교인들 가운데도 예수님을 믿고 죽은 자들이 생겨났습니다. 그리고 아직 신앙의 내용을 온전히 다 배우지 못했다 보니 큰 혼란이 생겨났습니다. 그래서 본문 13절을 보면 "형제들아 자는 자들에 관하여는 너희가 알지 못함을 우리가 원하지 아니하노니 이는 소망 없는 다른 이와 같이 슬퍼하지 않게 하려 함이라"라고 합니다. '소망 없는 다른'이라는 말은 불신앙자들을 말합니다. 앞서 말씀드린 대로 소망이 없는 불신자들은 소망이 없기 때문에 절망과 슬픔에 잠길 수밖에 없습니다. 하지만 바울은 예수 그리스도를 믿는 자들은 그렇게 과도한 슬픔에 잠겨서는 안 된다고 말하고 있습니다. 그리고 슬퍼하지 않을 수 있는 것은 예수님을 믿다가 죽은 자들에 대해서 해 줄 말이 있기 때문이라고 합니다. 우리도 사랑하는 이들과 사별하고 난 다음에 절망하지 않을 수 있는 이유를 분명하게 알아야 합니다.

그리스도인의 죽음 : 자는 자

그렇다면 우리가 예수 그리스도를 믿다가 죽은 자들에 대하여 극단적인 슬픔에 빠지지 않을 수 있는 이유는 무엇일까요? 우리가 위로를 하고 위로를 받을 수 있는 근거가 무엇일까요? 우선 주의해서 본문을 읽어 보면 바울은 '그리스도 안에서 죽은 자들에 대하여 죽었다'라고 하는 표현보다는 '자는 자들'이라는 표현을 세 번이나 사용하고 있다는 점을 발견할 수 있습니다. 우리는 죽음을 잔다고 표현하는 것에 이미 어느 정도 익숙합니다. 복음서를 보면 예수님께서 죽은 자들에 대하여 '잔다'라고 표현하신 경우를 볼 수 있습니다. 하나는 회당장 야이로의 딸에 대해서 또 하나는 죽은 나사로에 대해서 사용하셨습니다. 두 사람 모두 분명히 확실하게 죽었습니다. 그런데 예수님은 잔다고 표현하셨습니다. 그리고 살려 주는 것을 '깨운다'라고 표현하셨습니다.

우리는 이 잔다고 하는 표현을 잘 이해해야 합니다. 이것은 그리스도인의 고상한 죽음관이 드러내 주는 표현입니다. 어떤 사람은 영원히 의식을 잃어버리는 것을 말하지 않느냐는 식으로 오해할 수 있습니다. 그래서 어떤 이들은 예수님을 믿다가 죽은 성도들은 부활의 날까지 수면하고 있다고 주장하는 이들도 있었습니다. 이 세상을 떠난 성도들을 잔다고 표현한 것은 그런 의미가 아닙니다. 분명히 예수님을 믿다가 이 세상을 떠난 성도들은 지금 우리보다도 더 분명하고 복된 의식을 가지고 하나님 앞에서 예배하고 있고 살아 있습니다. 성도의 죽음을 잠에 비유한 것은 뭐니뭐니 해도 죽음이 더 이상 성도들에게는 잔인하고 두려운 원수가 아니라고 하는 것입니다. 죽음은 더 이상 신자들에게 마치 독침이 빠진 벌처럼 불신자들에게 하듯이 매섭게 찌를 수 없습니다. 이미 예수 그리스도께서 죽음에서 부활하심으로 승리자가 되셨기 때문에, 사망의 공포는 그리스도인들을 이길 수 없습니다. 그렇기 때문에 바울은 고린도전서 15장 55-57절에서 이처럼 개가를 부르는 것입니다.

사망아 너의 승리가 어디 있느냐? 사망아 네가 쏘는 것이 어디 있느냐? 사망이 쏘는 것은 죄요 죄의 권능은 율법이라. 우리 주 예수

그리스도로 말미암아 우리에게 승리를 주시는 하나님께 감사하노니 (고전 15:55-57)

그리고 주 안에서 죽은 자에게 '잔다'라는 표현을 쓴 것은 육신을 두고 보면 다시 깨어날 때가 있다는 것을 전제로 하는 것입니다. 비록 육신을 화장하든지 매장하든지 하지만, 다시금 육신을 입고 부활하는 날이 있다는 의미입니다. 그러나 이 세상을 떠나가는 신자의 영혼에 대해 잔다고 한다면 이는 온전한 휴식과 안식을 누리게 되었다는 의미라고 보시면 됩니다. 우리가 지상에서도 하루의 일과로 지치고 곤할 때 푹 잠을 잠으로써 휴식을 취하고 재충전의 시간을 가지듯이, 지상에서 선한 싸움 싸우고, 믿음의 경주를 하며 지치고 곤한 영혼이 주님의 품에 안기어 온전한 안식을 누릴 수 있다는 말입니다. 요한계시록 14장 13절을 보면 "또 내가 들으니 하늘에서 음성이 나서 이르되 기록하라 지금 이후로 주 안에서 죽는 자들은 복이 있도다 하시매 성령이 이르시되 그러하다. 그들이 수고를 그치고 쉬리니 이는 그들의 행한 일이 따름이라 하시더라"라고 말씀합니다. 주 안에서 죽는 자들은 이와 같은 참된 안식과 쉼을 얻을 것입니다. 무엇보다도 복되신 삼위일체 하나님을 만나고 교제하며 찬양하고 예배하게 될 것입니다. 주 안에서 죽은 자들은 더 이상 불안이나 공포, 스트레스, 노이로제, 불편, 고초, 고뇌, 슬픔, 비애, 상실의 아픔, 시기와 질투로 인한 아픔들을 겪지 않게 될 것입니다. 어떤 죄의 세력도 주 안에서 죽어 쉼을 얻는 자들을 압박할 수 없게 될 것입니다(계 6:11).

그리고 죽음이 소망의 근거가 되는 또 다른 중요한 이유는 우리가 다시금 사랑하는 이들을 만나게 되기 때문입니다. 14절 말씀을 보겠습니다.

> 우리가 예수께서 죽으셨다가 다시 살아나심을 믿을진대 이와 같이 예수 안에서 자는 자들도 하나님이 그와 함께 데리고 오시리라(14절)

바울은 사별한 성도들이 영원한 안식을 누릴 뿐만 아니라 남은 자가 다시금 만나게 될 날이 있다고 말합니다. 하나님께서 예수 안에서 자는 자들, 즉 죽은 자들을 데리고 오신다고 하는 것이 바로 그런 뜻입니다. 이는 뒤이어 설명하듯이 주님의 재림의 때에 육신의 부활이 있을 것을 가리키고 있습니다. 그리고 바울은 상반절에서 우리 그리스도인들이 죽음으로 끝나지 않고 다시금 영광스러운 몸의 부활을 체험하게 되는 근거가 바로 예수께서 죽으셨다가 다시 살아나심에 있다는 점을 밝힙니다. 우리 그리스도인들은 예수 그리스도와 연합하여 한 영이 되었기 때문에 예수의 죽음이 내 죽음, 예수의 부활이 내 부활이 되는 것입니다. 머리가 부활하셨으니 몸의 지체들도 동일한 부활의 영광을 체험하게 되는 날이 올 것입니다. 그리고 먼저 주 안에서 죽은 자들이든지 아니면 살아남은 자들이든지 간에 동일한 부활의 영광을 입고 만나게 될 날이 올 것이라고 말씀하고 있습니다.

주께서 강림하실 때 몸의 부활이 있을 것이다

바울은 15-17절에서 바로 그날에 대해서 간략하고도 명쾌하게 설명해 주고 있습니다. 우리의 소망의 근거가 또한 여기에 잘 표현되고 있습니다. 15절 말씀을 보겠습니다.

> 우리가 주의 말씀으로 너희에게 이것을 말하노니 주께서 강림하실 때까지 우리 살아남아 있는 자도 자는 자보다 결코 앞서지 못하리라 (15절)

앞서지 못한다는 말은 우선권의 문제입니다. 데살로니가 교인들은 주님의 재림이 임박하다고 하는 의식을 가지고 있었습니다. 그러나 그날을 믿고 소망하다가 먼저 죽은 성도들은 "혹시 그 날의 영광에 참여하지 못하는 것이 아닌가?" 하는 오해를 하고 있었고 슬퍼하고 있었습니다. 하지만 바울은 그들의 오해를 시정해 줍니다. 바울 자신의 말이 아니라 주님의 말씀으로 바른 교훈을 베풀어 줍니다. 주님께서 강림하실 때까지 살아남아 있는 자라고 해서 주 안에서 죽은 성도들보다 더 우선권을 가지는 것이 아니라는 것입니다.

이것이 무슨 말인지를 알기 위해서 이어지는 16절과 17절을 보겠습니다. 16절을 보면 주님께서 영광 중에 재림하시는 날에 대해서 "주께서 호령과 천사장의 소리와 하나님의 나팔 소리로 친히 하늘로부터 강림하시리니"라고 말씀하고 있습니다. 초림의 주는 연약한 아기의 모습으로 초라하게 강림하셨지만 재림의 주는 영광 중에 오실 것입니다. 구름을 타고 천사들의 옹위하에 가셨듯이 천사들과 함께 구름을 타고 오실 것입니다. 그뿐만 아니라 호령과 천사장의 나팔소리와 함께 강림하심으로 온 지구상에 살고 있는 자들이 그 영광을 보게 하실 것입니다. 그리고 바로 그 주님이 강림하실 때 어떤 일이 일어나는가 하면, 성도의 부활이 일어난다는 것입니다. 물론 악인도 심판받기 위하여 부활할 것입니다. 그러나 이 본문에서의 강조점은 성도의 부활에 있습니다. 성도가 부활할 때 우선 순위를 두고 보면 누가 먼저냐면, 16절 하반절이 말씀하는 대로 "그리스도 안에서 죽은 자들이 먼저 일어나고"라고 했습니다. 이미 그리스도 안에서 잠자는 영혼들이 먼저 부활에 참여하게 될 것입니다. 일어난다는 것은 육신의 부활에 초점을 맞추고 쓴 표현입니다. 영혼은 천국에서 살다가 재림의 주와 함께 오기 때문입니다.

그리고 17절에서 "그 후에 우리 살아 남은 자들도 그들과 함께 구름 속으로 끌어 올려 공중에서 주를 영접하게 하시리니 그리하여 우리가 항상 주와 함께 있으리라"라고 말씀하는 대로, 지상에 살아남아 있던 성도들이 부활의 영광에 동참하게 될 것이라고 합니다. 다시 정리하겠습니다. 예수 그리스도께서 재림하실 때 주님을 믿고 살다가 먼저 천국에 간 성도들의 영혼도 데리고 오실 것인데, 몸의 부활에 그들이 먼저 참여하고 그다음에 살아남아 있는 자들도 참여하게 될 것입니다. 그러나 주의해야 할 것은 이것은 어떤 시간적인 순서라기보다 우선권의 문제라는 것입니다. 바울은 고린도전서 15장 51-52절에서 "보라 내가 너희에게 비밀을 말하노니 우리가 다 잠 잘 것이 아니요 마지막 나팔에 순식간에 홀연히 다 변화되리니 나팔 소리가 나매 죽은 자들이 썩지 아니할 것으로 다시 살아나고 우리도 변화되리라"라고 말씀하고 있습니다. 우리 모두가 다 순식간에 홀연히, 즉 눈 한 번 깜빡할 사이에 다 변화될 것입니다. 그리고 바울이 고린도전서 15장 42-44절에서 말하는 대로 "썩을 것으로 심고 썩지 아니할 것으로 다시 살아나며 욕된 것으로 심고 영광스러운 것으로 다시 살아나며 약한 것으로 심고 강한 것으로 다시 살아나며 육의 몸으로 심고 신령한 몸으로 다시 살아나게" 될 것입니다. 예수 그리스도를 믿는 모든 그리스도인들은 그날에 완전해진 영혼과 영광스러운 몸의 통일체로 살 수 있게 됩니다. 이 지상에서는 연약한 몸에 연약한 영혼으로 우리는 살아갑니다. 죽어서 천국에 가면 육신없이 완전하게 된 영혼으로 삽니다. 그러나 주님의 재림의 날에 우리는 완전하게 된 영혼이 주님의 몸과 같이 영광스러운 부활체를 입고 살게 될 것입니다. 이것이 바로 우리 그리스도인들에게 있는 소망입니다.

본문 17절 말씀에서 더 생각할 두 가지가 있습니다. 첫째는 예수님이 재림하실 때 이 지구상에 살고 있던 성도들이 구름 속으로 끌어 올려져서 공중에서 주를 영접하게 된다고 할 때 '끌어 올려져'라고 하는 표현에서 소위 '휴거'(rapture)라고 하는 단어가 만들어졌다는 것을 알아야 합니다. 그런데 이장림이나 세대주의에서 말하는 휴거는 예수님의 재림이 두 번 있다고 말하는데, 처음에 비밀스럽게 공중에 재림하실 때는 잘 믿는 신자들이 몰래 들림을 받는다고 주장을 합니다. 그러나 본문을 보면 휴거에 해당하는 '끌어올려짐' 혹은 '들려짐'이라는 표현은 사용되고 있으나, 호령과 천사장의 나팔소리가 들리는 가운데 영광 중에 재림하실 때 그런 휴거가 일어날 것이라 말하고 있고, 일부 신자가 아니라 모든 살아 있던 신자들이 공중으로 들려올려질 것이라고 말씀하고 있음을 볼 수 있습니다.

그리고 두 번째로 우리가 생각할 점은, '주님의 재림의 날에 그처럼 부활의 영광에 동참하고 난 후에 이어질 신천신지에서의 무궁한 삶의 본질이 무엇인가?' 하는 것입니다. 17절 하반절은 이렇게 말하고 있습니다.

그리하여 우리가 항상 주와 함께 있으리라 (17절b)

2010년 9월에 소천하신 옥한흠 목사님은 마지막 죽음의 병상에서 간신히 의식이 돌아왔을 때 "내 사모하는 주님을 만나 뵙고 싶다"라고 말했다고 합니다. 그렇습니다. 지금 예수님을 믿다가 죽는 성도가 누리게 되는 복이 무엇이냐면 우리를 사랑하사 자기 몸을 아끼지 않고 희생하신 구원의 주님을 만나 뵙고 교제하는 것입니다. 그래서 '청교도의 황태자'(the prince of puritans)라고 불리는 존 오웬(John Owen, 1616–1683)은 임종 전에 친구에게 보낸 편지에서 다음과 같이 고백할 수 있었습니다.

내 영혼은 이제 사랑하는 분에게로 갑니다. 그분은 영원한 사랑으로 나를 사랑하셨고, 그것이 내게 있어서 위안의 전부였습니다. … 나는 폭풍이 몰아치는 바다 한가운데 교회라는 배를 남겨두고 떠납니다. 그러나 위대하신 선장이 그 배에 계신다면, 배 밑창에서 노를 짓는 가련한 사람 하나가 없어진들 무슨 문제가 되겠습니까? 깨어서 기도하며, 소망으로 참고 기다리며 절망하지 마십시오. 주께서 결코 우리를 고아처럼 홀로 내버려 두지 않겠다고 하신 그 약속은 지금도 견고히 서 있습니다.[13]

천국의 복은 주님과 함께한다는 것에 있음을 아십니까? 주님이 재림하시고 우리가 영광스러운 부활체를 입고 신천신지에 들어가게 되면, 주님과 영원무궁히 교제하고 섬기고 예배하면서 살게 될 것이라고 하는 기대와 소망으로 가슴이 뜨거워지고 있습니까? 천국이나 신천신지의 본질은 주님이 계신 곳이라는 데 있습니다. 그런 주님이 계시기에 더 이상 그곳에는 부정적인 요소들이 전혀 없게 되는 것입니다. 그래서 빌립보서 1장을 보면 바울은 "내게 사는 것이 그리스도니 죽는 것도 유익함이라 … 차라리 세상을 떠나서 그리스도와 함께 있는 것이 훨씬 더 좋은 일이라 그렇게 하고 싶다"라고 고백하는 것입니다(21, 23절).

말씀을 정리하겠습니다. 지금까지 우리는 부활의 소망을 가진 교회에 대해서 살펴보았습니다. 이를 통해 사랑하는 이와의 사별 앞에 서면 물론 슬프고 애통하지만 불신자들처럼 극단적인 슬픔에 잠기거나 절망하지 않을 수 있는 이유가 우리 그리스도인들에게 있음을 다시금 확인할 수 있었기를 바랍니다. 오히려 우리는 소망을 말할 수 있고 위로의 메시지를 전할 수 있습니다. 혹은 우리 자신도 연약함과 노쇠함과 인생의 무상함을 넘어서, 주님이 예비하고 계시는 부활의 소망을 가지고 힘차게 전진할 수 있습니다. 그리스도인들은 이 땅 위에 사는 동안 하나님이 주시는 분복을 누림과 동시에 연약한 육신과 연약한 영혼으로 살다가, 주님 부르시면 육신은 벗고 천국으로 가게 되고 영혼이 온전하게 될 것입니다. 그리고 사모하는 주님과 영원히 살게 됩니다. 그러니 슬퍼도 남은 자가 슬퍼하는 것이지 이미 주님의 품에 안겨 쉬고 있는 이가 슬픈 것은 아닙니다.

또한 사람은 한 번 죽어 천국에 가거나 지옥에 가는 것으로 끝나는 것이 아니라 육신의 영광스러운 부활의 날이 있음을 기억해야 합니다. 주님이 재림하실 때 먼저 천국에 가 있는 성도들과 이 땅 위에서 남아 신앙생활하고 있던 모든 성도들이 다시 만나게 되는데, 이때 순식간에 육신의 부활을 입게 될 것입니다. 그리고 신천신지에 가서 영원히 주님과 함께 교제하며 살게 될 것입니다. 조금의 부정적인 요인도 없이 다시는 헤어짐이 없이, 죄지을 일도 없이 영원히 주님과 성도들이 함께 살게 될 것입니다. 이것이 바로 우리 그리스도인들이 가지고 있는 부활의 소망입니다. 이런 소망을 가진 성도들이라면 부활장이라고 불리는 고린도전서 15장의 결론 구절인 58절의 말씀을 귀담아 듣고 실천할 수 있습니다.

그러므로 내 사랑하는 형제들아! 견실하며 흔들리지 말고 항상 주의 일에 더욱 힘쓰는 자들이 되라. 이는 너희 수고가 주 안에서 헛되지 않은 줄 앎이라 (고전 15:58)

아프리카에서 선교사로 사역하다가 콩고에서 1931년에 소천한 C. T. 스터드 선교사의 말처럼 "한 번뿐인 인생 속히 지나가리라. 그러나 그리스도를 위해 한 일은 영원하리라"(Only one life, itll soon be past, only whats done for Christ will last)라는 것을 기억하고 살아갈 수 있을 것입니다.

06 다가올 미래를 대비하는 교회

살전 5:1-11

이런 유명한 이야기가 있습니다. 어느 날 하루살이와 메뚜기가 함께 놀고 있었습니다. 저녁 무렵이 되었을 때 메뚜기가 하루살이에게 “오늘은 그만 놀고 내일 만나자”라고 말했습니다. 하루살이는 하루살이이기 때문에 ‘내일’이라는 말의 의미가 무엇인지 알 수 없었습니다. “내일이 뭔데?” 그러자 메뚜기는 “캄캄한 밤이 지나면 밝은 날이 오는데 그게 내일이야”라고 대답했습니다. 그러나 하루살이는 메뚜기의 설명을 듣고도 이해할 수가 없었습니다. 그리고 난 후 어느 날 메뚜기는 개구리와 함께 놀았습니다. 개구리는 “날씨가 추워지니 그만 놀고 내년에 만나자”라고 말했습니다. 메뚜기는 “내년이 뭔데?”라고 물었습니다. 그러자 개구리가 “내년은 겨울이 끝난 후 날이 따뜻해지려고 할 때 오는 거야”라고 대답했습니다. 그러나 메뚜기는 개구리의 말을 알아들을 수 없었습니다.

어떻습니까? 이런 이야기를 확장해서 사람에게 적용해 보면 어떤 이는 60~70년을 살다가 죽게 되는데 그때가 인생 끝이라고 믿는 사람이 있습니다. 그런 이들에게는 영생이 무엇인지 설명하기가 어렵습니다. 그렇다고 하더라도 일반적으로 사람들의 마음속에는 전도자가 말하는 대로 "영원을 사모하는 마음"이 있습니다. 그리고 역사 의식이라는 것이 있습니다. 또 종말 의식이라는 것도 있습니다. 사람들은 "세상이 말세다"라는 말을 왕왕 하며 삽니다. 아리스토텔레스 같은 현인은 세상을 구성하고 있는 질료는 불멸하고 영원하다고 주장했고, 유물론자들 역시도 물질과 운동이 영원하다고 말했습니다.

그러나 21세기를 살아가는 현대인들은 이 지구가 결코 영원할 수 없다고 하는 사실을 의식하게 되었습니다. 일단 환경 오염이 심해서 지구 온난화를 걷잡을 수 없게 되었고 북극의 얼음이 녹아내리고 있습니다. 이런 상황을 보고 '북극곰들을 남극 대륙으로 옮겨 주어야 하지 않을까?'라고 생각하는 이들도 있습니다. 북극곰들을 남극으로 옮겨 놓으면 그곳의 펭귄들은 비극을 면치 못하겠지만 말입니다. 아무튼 이렇게 온난화가 지속되어 빙하가 녹아내리면 바다의 해수면이 높아지게 되고, 우리나라의 경우 해운대도 결코 재난을 면치 못하게 될 것입니다. 수년 전에는 〈2012〉라는 영화로 인해서 남미 마야인들이 2012년에 지구 종말이 올 거라고 예언했던 사건도 유명했습니다. 이렇게 저렇게 손에 잡힐 만한 종말론에 관한 이야기들이 무성하게 우리의 귀에 들려옵니다. 그런 재난 블록버스터들은 사람들의 마음을 공포로 몰아넣기에 족합니다. 블록버스터 영화를 보면, 어떻게든 인간적으로 문제를 해결해 보려고 몸부림치는 소수의 사람들이 결국 위기를 극복하고 살아남는다는 인본주의적인 내용들뿐입니다.

우리 기독교 신앙은 분명한 역사관과 종말론을 가지고 있습니다. 하나님의 창조에 의해서 모든 만물은 존재하기 시작했고, 인간의 죄 때문에 인간의 생로병사와 인간 사회의 모든 불행, 비참이 찾아왔습니다. 그러나 이 세상은 이대로 계속 존재하는 것이 아니라 하나님께서 정하신 때에 역사의 종말을 맞이할 것이며, 하나님의 최종 심판이 시행될 것이며, 하나님을 믿는 자들은 신천신지에서 무궁히 살 것이며, 하나님을 믿지 않는 자들은 영원한 지옥 형벌을 당하게 될 것이라고 성경은 분명하고도 단순하게, 그리고 강력하게 가르치고 있습니다. 이번 장의 제목은 "다가올 미래를 대비하는 교회"입니다. 하나님께서 예비하신 미래를 잘 대비하는 교회가 시온의 영광이 빛나는 교회입니다. 오늘날 기독 교회 내에 다가올 미래에 대한 그릇된 가르침으로 성도들을 미혹하는 이단들이 득실거리고 있습니다. 그렇기 때문에 우리는 다가올 미래를 잘 준비하는 종말론적 신앙을 정비할 필요성이 있습니다.

때와 시기는 알 수가 없다

우리는 사도 바울이 2차 선교 여행 때에 세운 데살로니가 교회에 보낸 편지를 살펴보고 있습니다. 데살로니가 교회는 짧은 시간에 믿음이 잘 세워진 교회입니다. 힘들게 노력해도 교회가 잘 세워지지 않거나 기형적으로 세워지는 경우도 많은데, 데살로니가 교회는 참 감사하게도 제대로 세워진 교회였습니다. 세워진 지 얼마 되지 않았음에도 불구하고 믿음으로 소문난 교회가 되었습니다. 우리가 데살로니가서를 읽어 보면 이 교회가 얼마나 열정을 가진 교회이며, 은혜 가운데 잘 성장하고 있는 교회인지를 알 수 있습니다. 그러나 개척 교회는 개척 교회입니다. 그 교회는 아직 진리에 대하여 미숙했기 때문에 믿음의 보완이 필요했습니다. 태어나자마자 한 번에 온전해지는 사람도 없는 것처럼, 한 번에 자라는 교회도 없습니다. 우리는 오늘 읽은 본문을 통해서 신생 교회가 겪고 있던 심각한 문제들 중에 하나인 종말론을 둘러싼 혼란스러움을 접하게 됩니다.

1절 말씀을 보면 사도 바울은 "형제들아! 때와 시기에 관하여는 너희에게 쓸 것이 없다"라고 말하고 있습니다. 바울은 믿은 지 얼마 되지도 않는 데살로니가 교인들을 향하여 '형제들아'라고 다정하게 불렀습니다. 그리고 때와 시기에 관해서는 쓸 것이 없다고 말합니다. '때'라고 번역된 헬라어 단어는 '크로노스'(chronos)

인데 이것은 '일정한 기간'을 의미합니다. 그리고 '시기'라고 번역된 단어 '카이로스'(kairos)는 '어떤 한 시점', '어떤 사건이 일어나는 그 시점'을 가리킵니다.[14] 그러니 때와 시기라고 하는 말은 예수 그리스도의 재림의 때까지 얼마 남았으며, 그 연월일시가 정확히 언제이냐에 대한 질문인 것입니다. 이런 표현은 사도행전 1장 7절에도 등장합니다. 예수님의 제자들도 이스라엘의 회복의 때가 언젠인지 관심을 가졌습니다. 마찬가지로 데살로니가 교인들이나 후대 교인들도 주님의 재림의 때가 언제이며 그 전에 어떤 사변들이 일어나는가에 대해서 큰 관심을 기울였습니다.

우리가 가까이는 1992년 10월 28일 24시에 예수님이 공중 재림하고 교회는 휴거한다고 주장했던 다미선교회, "다가올 미래를 대비하라"라고 했던 그 선교회를 기억하실 것입니다. 이장림 씨가 그 단체의 대표였습니다. 수많은 사람들이 시한부 종말론 열풍에 휩쓸려 들어가 직장도 그만두고 재산까지 전부 가져다 바쳤습니다. 하지만 이미 우리가 알듯이 주님의 재림도 비밀 휴거도 일어나지 않았습니다. 당시에는 신학생들과의 토론회가 있었습니다. 다가올 미래를 대비하라는 시리즈물로 거액을 벌고 난 후입니다. "주님이 곧 오신다"라고 하던 이장림 씨는 당시 벤츠 승용차를 사고 7억이 넘는 아파트도 샀습니다. 어느 학생이 이장림 씨에게 "왜 벤츠를 샀느냐"라고 물었더니, 주님이 오시면 태워 드리려고 했다고 합니다. 다른 학생이 이렇게 짓궂은 질문을 하기도 했습니다. "곧 주님이 오신다고 하는데 그러면 아파트는 필요없지 않습니까? 내게 그것을 줄 수 않나요?"라고 말입니다. 이장림 씨는 결국 사기죄로 감옥살이를 했습니다. 너무나 말도 안 되는 듯한 사건처럼 보이지만 사람들은 이처럼 때와 시기에 대해서 어리석을 정도로 관심이 많습니다. 이 종말론을 둘러싸고 이장림 씨 사건뿐만 아니라 경산에서 시온파 운동이라는 사건도 있었습니다. 역사적으로 멀쩡한 대신학자들 중에도 재림의 시기를 계산하고 예측한 사람들이 많이 있습니다.

하지만 분명한 사실은 사람은 그 어느 누구라도 그때와 시기에 대해서 알 수 없다고 하는 사실입니다. 심지어 사도 바울도 뭐라고 합니까? 1-2절을 살펴보겠습니다.

> 형제들아 때와 시기에 관하여는 너희에게 쓸 것이 없음은 주의 날이 밤에 도둑같이 이를 줄을 너희 자신이 자세히 알기 때문이라 (1-2절)

때와 시기에 관해서는 인간은 알 수 없습니다. 예수님께서도 마태복음 24장 36절에서 "그러나 그날과 그때는 아무도 모르나니 하늘의 천사들도, 아들도 모르고 오직 아버지만 아시느니라"라고 말씀하셨습니다. 부활 승천하실 때조차도 예수님은 때와 시기에 관심을 가진 제자들에게 "이르시되 때와 시기는 아버지께서 자기의 권한에 두셨으니 너희가 알 바 아니요"라고 단호하게 말씀하셨습니다. 그러나 다미선교회 이장림 씨는 교묘하게 거짓말을 했습니다. 주님이 지상에 계실 동안에는 때와 시를 몰랐지만, 천국에 가신 후에는 하나님 아버지로부터 그때와 시기에 대해서 정확하게 알게 되셨고, 말세에 아이들의 꿈을 통해 계시하셨다고 말입니다. 하지만 그것은 혹세무민한 거짓말입니다. 주님의 말씀을 우리는 기억해야 합니다. 주님이 어느 날 어느 시에 재림하시는지에 대해서는 우리로서는 알 수 없습니다.

바울은 주님의 재림의 때와 시기에 대해서 알 수 없다고 말하면서 두 가지 비유를 사용했습니다. 하나는 그날이 도둑같이 온다는 것이고 또 하나는 임신한 여자에게 산고가 갑자기 임하는 것과 같다는 것입니다. 예수님께서 도둑같이 오신다고 하는 말씀은 성경 몇 곳에 나옵니다(마 24:43; 벧후 3:10; 계 3:3; 16:15). 예수님이 도둑이라는 말이 아니라 재림의 성격이 도둑이 침입하는 것과 비슷하다는 것입니다. 그렇다면 왜 도둑같다고 한 것일까요? 도둑은 언제 어느 집에 침입하여 금품을 털어갈지 절대 알리지 않습니다. 괴도 아르센 뤼팽(Arsène Lupin)같이 신출귀몰한 도둑이라면 예고를 하고 올 것입니다. 그러나 뤼팽은 실제 인물이 아니라 20세기 초에 소설가 모리스 르블랑(Maurice Leblanc, 1864-1941)이 지어 낸 가상의 도둑입니다. 도둑은 예고도 없이 갑작스럽게 들어옵니다. 도둑에게 귀한 물건을 잃어버린 경험을 해 본 사람이라면 알겠지만, 도둑은 언제 다녀갔는지도 모릅니다. 무식하게 온 집안을 들쑤시고 다니지도 않습니다. 금속탐지기를 가지고 다니면서 필요한 것만 골라서 가져가 버리기 때문에 그 물건이 필요해서 찾아보기 전까지는 도둑이 다녀갔는지도 알 수 없습니다. 이처럼 주님께서도 도둑같이 예고도 없이 갑작스럽게 임하실 거라고 말씀하는 것입니다.

그리고 3절을 보면 "그들이 평안하다, 안전하다 할 그때에 임신한 여자에게 해산의 고통이 이름과 같이 멸망이 갑자기 그들에게 이르리니 결코 피하지 못하리라"라고 말씀하고 있습니다. 물론 임신한 여인은 일반적으로 9개월 후면 아이를 낳게 됩니다. 하지만 언제가 해산일이 될지 정확하게 맞추지는 못합니다. 괜찮은 것 같다가도 어느 순간에 해산의 고통이 임하기 시작합니다. 자다가도 산통이 시작되면 필요한 것을 챙겨서 병원에 가야 합니다. 그러나 해산의 고통은 정확한 때는 알 수 없어도 예견된 일입니다. 마찬가지로 주님의 재림도 갑작스러운 면은 있지만 예고된 것이며, 어느 누구도 피할 수 없는 역사의 마지막 사건입니다. 특히 믿음으로 살지 않은 사람들에게 그날은 갑자기 임하여 피할 수 없는 멸망과 재앙의 날(doomsday)이 될 것입니다.

다가올 미래, 주님의 재림은 분명히 도래할 것입니다. 아무도 피할 수 없습니다. 그러나 그때와 시기는 아무도 모릅니다. 하나님만 아십니다. 하나님은 우리가 그날을 아는 것을 허락하지 않으셨습니다. 도둑이 갑작스럽게 임하듯이, 산통이 임산부에게 갑자기 엄습해 오듯이 주님의 재림도 별 징조 없이 그렇게 임할 것입니다. 그렇기 때문에 예수님은 인자의 날을 노아의 날과 같다고 말씀한 것입니다.

> 홍수 전에 노아가 방주에 들어가던 날까지 사람들이 먹고 마시고 장가 들고 시집 가고 있으면서 홍수가 나서 그들을 다 멸하기까지 깨닫지 못하였으니 인자의 임함도 이와 같으리라 (마 24:38-39)

오직 깨어 정신을 차릴지라

그러나 본문 4절을 보면 바울은 이러한 기본적인 말씀과 상반되는 묘한 말씀을 하는 것을 보게 됩니다.

> 형제들아 너희는 어둠에 있지 아니하매 그날이 도둑같이 너희에게 임하지 못하리니 (4절)

앞에서는 주님의 재림의 날이 도둑같이 온다고 해 놓고서, 너희에게는 도둑같이 임하지 않을 것이라고 말씀하고 있으니 상당히 모순되게 느껴집니다. 이것이 어떻게 된 것일까요? 사도 바울은 주님의 재림의 때와 시기에 대해서는 알 수 없다는 점을 명확히 해 놓고 우리 그리스도인들에게는 그렇게 도둑같이 오시는 것은 아니라고 말씀하고 있습니다. 왜냐하면 우리의 소속이 달라졌기 때문이라는 것입니다.

4절 이하에 있는 말씀을 종합적으로 볼 필요가 있습니다. 바울은 그리스도인들이 믿지 않는 자들과 영적으로 어떻게 달라졌는가에 대해서 설명하고 있습니다. 4절에서는 그리스도인들은 어둠에 있지 않다고 말씀했고, 5절에서는 우리가 다 "빛의 아들이요 낮의 아들이라 우리가 밤이나 어둠에 속하지 아니하나니"라고 말씀하고 있습니다. 그리고 8절 상반절에서는 "우리는 낮에 속하였으니"라고 말씀하고 있습니다. 그러면 불신자들의 경우는 어디에 소속되어 있을까요? 4절에 의하면 그들은 어둠에 속했고, 5절을 보면 밤에 속했으며, 7절에 의하면 "자는 자들은 밤에 자고 취하는 자들은 밤에 취하였다"라고 말씀하고 있습니다. 우리가 잘 알다시피 성경은 신자와 불신자의 차이를 빛과 어둠에 비유하는 경우들이 많습니다. 세상은 어둠으로 가득찬 캄캄한 밤과 같습니다. 사탄이 지배하고 죄악과 죽음의 권세가 지배하고 있습니다. 생명도 의미도 소망도 없습니다. 미래도 없습니다. 그러나 이 세상 가운데는 빛이 지배하고 있습니다. 그 빛은 하나님께서 왕으로서 다스리시는 영역입니다. 하나님의 거룩과 사랑의 빛이 주장하고 있고 생명이 역사하고 있습니다. 하나님의 보호하심이 있는 영역입니다. 우리가 불신자에서 그리스도를 믿고 구원받게 되면 바로 그 어둠의 왕국에서 해방되어, 빛의 나라,

낮의 세계로 옮겨지게 됩니다. 골로새서 1장 12−14절을 보면 사도 바울은 그리스도인이 될 때에 우리가 입게 되는 변화의 축복에 대해서 다음과 같이 말씀하고 있습니다.

> 우리로 하여금 빛 가운데서 성도의 기업의 부분을 얻기에 합당하게 하신 아버지께 감사하게 하시기를 원하노라. 그가 우리를 흑암의 권세에서 건져내사 그의 사랑의 아들의 나라로 옮기셨으니 그 아들 안에서 우리가 속량 곧 죄 사함을 얻었도다 (골 1:12-14)

그리스도인들은 이처럼 빛의 아들, 낮의 아들이 되었기 때문에 대낮의 빛에 합당한 삶을 살아가야 할 의무가 있습니다. 바울이 말하는 대로 어둠에 속한 자들은 영적으로 죽음의 잠을 자고 있고 밤에 취해 있습니다. 이 죄악된 세상에 취해 있습니다. 때로 종말을 운운하지만 그들은 이 세상에 완전히 취해 살고 있습니다. 그리고 어둠에 속한 자들은 어둠의 열매를 맺습니다. 그러나 빛에 속한 자들은 빛에 속한 삶을 살게 되어 있습니다. 빛의 열매를 맺게 되어 있습니다. 6절을 보면 바울은 "그러므로 우리는 다른 이들과 같이 자지 말고 오직 깨어 정신을 차릴지라"라고 권면하고 있습니다. 낮에 속한 자이기에 깨어 있어야 한다는 것이고, 정신을 차리는 것 혹은 근신하는 것은 행동을 절제하고 조심해야 함을 의미합니다. 예수님께서도 누가복음 21장 34절 이

하에서 다음과 같이 말씀하십니다.

> 너희는 스스로 조심하라. 그렇지 않으면 방탕함과 술취함과 생활의 염려로 마음이 둔하여지고 뜻밖에 그날이 덫과 같이 너희에게 임하리라. 이 날은 온 지구상에 거하는 모든 사람에게 임하리라. 이러므로 너희는 장차 올 이 모든 일을 능히 피하고 인자 앞에 서도록 항상 기도하며 깨어 있으라 (눅 21:34-36)

세상의 온갖 쾌락과 즐거움, 세상 사는 재미에 취해 덫과 같이 그날에 걸려 들지 않으려면 우리는 깨어 있어 기도해야 한다고 주님은 말씀하십니다. 항상 기도하며 깨어 있으라고 분부하신 주님의 말씀을 우리는 허투루 듣지 말아야 합니다. 요한계시록 16장 15절을 보면 예수님의 유사한 권면이 있습니다.

> 보라 내가 도적같이 오리니 누구든지 깨어 자기 옷을 지켜 벌거벗고 다니지 아니하며 자기의 부끄러움을 보이지 아니하는 자는 복이 있도다 (계 16:15)

예수님의 재림도 이와 마찬가지로 잘 준비하지 않으면 재난의 날이 될 것이라는 겁니다. 그러면 영적인 준비를 어떻게 해야 할까요? 예수님은 깨어 있어야 한다고 말씀하고 있습니다. 깨어 있어야 자기 옷을 지킬 수 있기 때문입니다. 깨어 있는 자는 벌거벗고 다니지 않고, 항상 옷을 입고 지내기 때문에 수치를 면할 수 있습니다. 물론 우리가 육신적으로 잠을 잘 때는 편한 복장을 하고 자기도 하고, 어떤 사람은 아무것도 입지 않고 자기도 합니다. 그런데 만약 그렇게 벌거벗고 자다가 도둑이 들이닥친다면 수치를 면하기 어려울 것입니다. 물론 본문이 말씀하는 것은 영적으로 해석해야 합니다. 깨어 있어 옷을 지키라는 것은 성도의 신분을 잘 지키라는 의미입니다. 반면에 벌거벗고 있다가 수치를 당한다는 것은 신자가 신자답지 못하게 사는 것을 뜻합니다. 세상과 타협하고 짐승의 우상에 경배하는 것입니다. 그러다가는 심판의 날에 벌거벗은 수치를 면하기 어렵게 되는 것입니다.

호심경과 투구를 챙겨라

낮에 속하고 빛의 아들이기 때문에 정신을 차리고 깨어서 살아가야 할 우리 그리스도인들에게 필요한 것은 영적인 무장을 잘 갖추는 것입니다. 본문 8절을 보겠습니다.

> 우리는 낮에 속하였으니 정신을 차리고 믿음과 사랑의 호심경을 붙이고 구원의 소망의 투구를 쓰자 (8절)

하나님이 우리를 세우심은 노하심에 이르게 하심이 아니요 오직 우리 주 예수 그리스도로 말미암아 구원을 받게 하심이라 (9절)

'세우셨다'라는 말은 어떤 일을 하도록 혹은 어떤 상태에 이르도록 지정해 놓으셨다는 말입니다. 하나님께서 우리 그리스도인들을 어떤 상태에 이르도록 정하셨는지를 아는 것이 중요합니다. 하나님은 우리가 마지막 심판에서 하나님의 공의롭고 거룩한 진노의 대상이 되기를 바라는 것이 아니라, 예수 그리스도로 말미암아 구원받기를 원하십니다. 하나님은 믿는 우리를 그리스도로 말미암아 구원하기로 작정하셨고 모든 섭리 안에 두셨습니다. 그리고 10절 말씀도 보면 우리의 구원의 소망의 근거가 제시됩니다.

예수께서 우리를 위하여 죽으사 우리로 하여금 깨어 있든지 자든지 자기와 함께 살게 하려 하셨느니라 (10절)

'깨어 있든지 자든지'라는 말은 데살로니가인들의 초미의 관심사로, 예수님을 믿다가 이미 죽은 성도들과 살아남아 있는 성도들을 말합니다. 즉, 어떤 성도이든지 간에 예수님께서는 그들과 함께 영원히 함께 살기 위해서 그들을 위하여 죽으셨습니다. 그의 죽음으로 우리의 죄 문제가 해결이 되었고 하나님과의 화해가 가능하게 되었습니다. 예수의 죽음이 곧 내 죽음, 예수의 부활이 곧 내 부활이 되었습니다. 그러니 우리는 장래의 구원을 확신할 뿐만 아니라, 그 구원의 본질이 주님과 영원히 함께하는 것임을 알게 되었고, 이 지상에서도 이미 시작된 하나님의 나라 혹은 영생을 맛보아 알게 된 것입니다. 이것이 바로 우리 구원의 소망의 근거인 것입니다. 그래서 사도 바울은 세상의 그 무엇이라도 우리를 그리스도 예수 안에 있는 하나님의 사랑에서 끊어 놓을 자가 없다고 개선가를 불렀던 것입니다. 우리가 믿음, 소망, 사랑으로 충만하게 될 때 사탄 마귀는 우리의 가슴과 머리를 꿰뚫고 들어올 수 없습니다. 우리는 안전한 호심경과 투구를 제공받고 있습니다.

말씀을 정리하겠습니다. 이 장에서는 '때'와 '시기'에 대한 문제를 다루었습니다. 주님의 재림의 때에 대한 질문을 다루었습니다. 이것은 지난 2천 년 동안 교회를 긴장하게 했고 소란스럽게 했던 주제이기도 합니다. 우리가 오늘 알게 된 바를 정리하면, 일단 주님의 재림의 때와 시기에 대해서는 우리가 알 수 없다는 것입니다. 정확한 날짜와 시간을 알려고 하는 호기심은 버리는 것이 좋습니다. 그러나 우리는 이미 그 종말의 빛에서 살아가고 있다는 점도 잊어서는 안 됩니다. 우리는 더 이상 이 세상의 어둠에 속해 있지 않고, 그리스도 안에서 빛의 나라로 옮겨졌습니다. 우리는 세상 사람들처럼 어둠에 속하여 죄의 낙이나 세상의 재미에 취해 인생 허비할 이유가 없습니다. 우리는 빛에 속하여 깨어 정신을 차리고 살아가야 합니다. 온 세상은 마치 만취한 사람들처럼 열광하고 주사를 부리고 있지만, 그 곁에 살아가고 있는 우리는 맨 정신을 가지고 살아가야 합니다. 깨어 있기 위해서 우리는 기도에 힘써야 합니다. 또한 우리는 믿음과 사랑의 호심경을 가슴에 붙이고, 머리는 구원의 소망의 투구를 써야 합니다. 어둠의 일에 동참하지 말고 빛의 열매를 맺어야 합니다.

빛의 열매는 모든 착함과 의로움과 진실함에 있느니라 (엡 5:9)

마지막으로 본문 14절의 말씀처럼 우리는 피차 앞서 말씀드린 대로 살아가기 위해서, 서로 간에 권면하고 서로 덕을 세우기를 계속해서 힘을 써야 합니다. 우리가 함께 예배하는 시간, 우리가 성도의 교제를 하는 시간을 통해서 우리는 어둠이 아니라 빛에 속한 자들임을 서로 일깨워야 합니다. 어둠이 아니라 빛의 열매 맺는 삶이 무엇인지 보여 주어야 하고 알려 주어야 합니다. 헷갈리거나 살짝 조는 사람들이 있다면 정신을 차릴 수 있도록 도와주어야 합니다. 이렇게 살다가 말 인생이 아니라 우리의 구주 되신 예수 그리스도의 재림과 마지막 심판이 임박하였다는 점을 일깨워 주는 공동체가 되어야 합니다. 그러한 공동체가 시온의 영광을 체험하고 드러낼 수 있는 것입니다.

07 항상 선을 따라가는 교회

살전 5:12-15

"예수 그리스도는 좋다, 교회는 싫다"라는 구호가 있습니다. 세상 사람들이나 믿다가 낙심한 자들 가운데 유명한 구호입니다. 성경에 기록된 대로 표현하면 "예수님은 참 매력적인데, 지상에 존재하는 교회는 영 아니다"라는 것입니다. 그래서 "제발 교회여, 예수 그리스도를 닮아가 달라"라고 말합니다. 이번 장에서 우리가 읽은 데살로니가전서 5장 12-15절까지의 말씀은 전혀 연관성이 없어 보입니다. 그러나 교회 생활의 기본적인 윤리를 다루고 있습니다. 바울은 설립한 지 얼마 되지 않는 신생 교회를 위해서 이 편지를 썼습니다. 바울은 선교 여행을 하면서 각 지역에 교회를 세우고, 떠나기 전에 교회를 지도할 수 있는 지도자들을 세웠습니다. 사도행전 14장 23절을 보면 그들을 '장로'라고 불렀습니다. 데살로니가에도 바울이 세운 지도자들이 있었습니다. 요즘처럼 신학교 교육을 받고 어느 정도 준비되고 훈련된 지도자들이 아니었습니다. 같이 예수 그리스도를 믿은 자들 가운데 지도자를 세웠습니다. 그러다 보니 이전의 관계들 때문에 평신도들이 그들을 지도자로 인정하고 존경하기가 쉽지 않은 면도 있었습니다. 이런 상황을 바라본 바울은 지도자들과 평신도들의 관계가 어떠해야 하는지를 권면하고 있습니다.

지도자들을 귀히 여기라

본문 12-13절을 보겠습니다.

> 형제들아 우리가 너희에게 구하노니 너희 가운데서 수고하고 주 안에서 너희를 다스리며 권하는 자들을 너희가 알고 그들의 역사로 말미암아 사랑 안에서 가장 귀히 여기며 너희끼리 화목하라 (12-13절)

바울은 데살로니가 성도들에게 "형제들아"라고 다정하게 불렀습니다. 사도와 성도들은 예수 그리스도 안에서 한 형제와 한 자매가 된 것입니다. 그리고 바울은 "그들의 신령한 유익을 위하여 권하노니"라고 시작하고 있습니다. 바울은 사도적인 권위로 명령하는 대신에, 형제의 입장에 서서 부드럽게 권면하고 있습니다. 그리고 바울은 그들 가운데 수고하고 있는 지도자들에 대해서 주목시킵니다.

일단 바울은 교회 지도자들의 역할이 무엇인지를 설명하고 있습니다. 그들은 성도들 가운데서 수고하고, 주 안에서 다스리며, 그리고 권하는 자들이라고 합니다. '수고한다'라는 말은 육체적인 수고를 말합니다. 성도들을 위하여 힘쓰고 애쓴다는 말입니다. 또한 그들을 주 안에서 다스리는 자들이라고 했는데, '프로이스타메누스'라는 이 단어는 '다스리는 자들'이라는 의미도 있지만, '관심을 가지고 돌보는 자들', 혹은 '보호자들로서 앞에 서 있는 자들'이라는 의미도 가지고 있습니다. 교회 지도자들은 하나님께서 허락하신 권위를 가지고 잘 다스리고 감독해야 하는 역할도 있지만, 따뜻한 마음으로 성도들을 돌봐야 하는 역할을 맡은 자들이라는 뜻입니다. 또한 지도자들, 특히 목회자가 감당해야 하는 역할은 권하는 일입니다. '권한다'(누테툰타스)라는 말은 "바른 길을 보여 준다는 뜻을 가지고 있습니다. 지도자는 교인들이 비뚤어진 길을 갈 때는 그 길이 틀렸다는 것을 지적해 주고 바른 길로 가도록 권면하고 훈계해야 합니다. 이 특징들을 다시 정리해 보면 교회 지도자란 교회를 위하여 수고하고 따뜻한 마음으로 교인들을 돌보며, 그러면서도 교인들이 그릇된 길로 갈 때는 따끔하게 그러나 사랑하는 마음으로 지적해 주고 바른 길을 가르쳐 주는" 역할을 맡은 사람이라는 뜻입니다.[15]

바울은 이와 같은 지도자들에 대하여 평신도들이 보여야 할 두 가지 건전한 반응을 소개하고 있습니다. 첫째는 그들을 알아주라는 것입니다. 바울은 고린도전서 16장 18절에도 보면 "이런 자들을 알아주라"라고 권합니다. 알아준다는 것은 '이해한다', '인정한다'라는 뜻입니다. 본문에서 다스리며 권하는 자들이란 교회 지도자들과 장로들을 말하는데, 우리 교단 헌법에 의하면 설교 및 가르침과 더불어서 치리를 맡은 담임목사와 그리고 목회자와 협력하여 치리를 맡은 시무장로들을 가리킵니다. 목회자와 당회원들을 알아준다는 것은 그들이 무엇하는 사람들인지를 제대로 알고 이해해 주라는 것입니다. 바울이 말하는 대로 목회자는 교인들을 위해서 수고하는 사람입니다. 설교, 상담, 심방, 기도, 마음으로 봉사하는 사람입니다. 고린도후서 11장 28-29절에서 바울이 고백하는 마음의 짐을 지고 수고하는 사람입니다.

> 날마다 내 속에 눌리는 일이 있으니 곧 모든 교회를 위하여 염려하는 것이라. 누가 약하면 내가 약하지 아니하며 누가 실족하게 되면 내가 애타지 아니하더냐? (고후 11:28-29)

그리고 바울은 두 번째로 본문 13절을 시작하면서 "그들의 역사로 말미암아 사랑 안에서 가장 귀하게 여기라"라고 권면합니다. '역사로 말미암아'라는 말은 목회자와 지도자들이 맡은 직분과 사역 때문이라는 말입니다. 그들이 세상적으로 탁월해서도 아니고, 인격적으로 훌륭해서도 아닙니다. 그들에게 주님이 맡겨 주신 사명과 직분 때문이라는 말입니다. 그리고 그러한 역사와 직분 때문에 어떻게 대해야 하느냐 하면 사랑 안에서 가장 귀하게 여기라고 권합니다. 가장 귀하게 여기라는 말은 사랑하고 존경하라는 말입니다. 히브리서 13장 17절 말씀을 목회자와 교인들이 피차 잘 알고 실천하는 것이 필요합니다.

> 너희를 인도하는 자들에게 순종하고 복종하라. 그들은 너희 영혼을 위하여 경성하기를 자신들이 청산할 자인 것 같이 하느니라. 그들로 하여금 즐거움으로 이것을 하게 하고 근심으로 하게 하지 말라. 그렇지 않으면 너희에게 유익이 없느니라 (히 13:17)

그리고 바울은 디모데전서 5장 17절에서도 "잘 다스리는 장로들은 배나 존경할 자로 알되 말씀과 가르침에 수고하는 이들에게는 더욱 그리할 것이니라"라고 권면하고 있습니다. 베드로전서 5장 8절에는 "젊은 자들아! 이와 같이 장로들에게 순종하고 다 서로 겸손으로 허리를 동이라. 하나님은 교만한 자를 대적하시되 겸손한 자들에게는 은혜를 주시느니라"라고 말씀하고 있습니다.

아마도 이렇게 권면을 해도 오해하거나 마음이 불편한 분들이 있을 것입니다. "민주주의 사회에 무슨 교회 지도자라고 해서 가장 귀하게 여기며 순종한단 말인가! 우리의 의논이 중요하지!" 라고 생각하면서 말입니다. 그러나 그것은 불순종하고 거역하는 것을 자유라고 생각하는 세상 정신에 물 들어서 그런 경우가 많습니다. 만약에 목회자나 지도자들이 인간적인 권위를 부리면서 "비성경적인 일에 순종하라, 복종하라"라고 한다면 무시할 수도 있습니다. 우리 장로교 정치 원리 중 하나가 성도의 양심을 어느 누구도 구속하면 안 된다는 것입니다. 그러나 지도자가 하나님의 말씀의 권위에 의존해서 앞장 서서 이끌어갈 때는 우리의 영혼의 유익을 위한 일인 줄 알고, 교회를 세워 가기에 유익한 줄 알고 순종하고 따라오는 것이 잘하는 일입니다. 하나님께서는 교회나 가정, 사회 가운데 세워 놓은 지도자들을 존중하고 합당한 권위에 순종하는 것을 통해서 하나님을 인정하는 여부를 확인하곤 하신다는 것을 잊지 말아야 합니다.

바울은 교회 내에서 지도자들을 불신하고 거역하는 일들을 통해서 서로 불화할 수 있다는 것을 잘 알기에 13절 끄트머리에서 "서로 화목하라"라는 말을 하고 있습니다. 지도자들은 자신의 맡은 역할을 잘 인식하고 수고하며, 교우들은 그들을 인정하고 사랑하고 귀하게 여기고 위하여 기도하며 협력해 줄 때 교회는 화목함이 있습니다. 그렇게 화목함이 있어야 목회자를 통하여 제시되는 교회의 비전을 향해 한 마음, 한 뜻으로 달려가는 일이 가능합니다. 돌아가신 한경직 목사님은 목회자들이 "교회 부흥을 위해서 어떻게 해야 하느냐? 이렇게 해야 한다, 저렇게 해야 한다"와 같은 말들을 할 때 껄껄껄 웃으면서 "교회는 싸우지만 않으면 부흥합니다"라고 한마디로 대답했습니다. 그렇습니다. 교회는 지도자와 팔로워들이 주 안에서 한 마음과 한 뜻이 되어서 서로 화목할 때에 성장할 수 있습니다. 그리고 그렇게 화합하고 서로 사랑하는 모습이 이 세상에 대하여 참 그리스도의 제자라고 하는 증거가 된다고 말씀합니다(요 13:35).

돌봐 주어야 할 약한 지체들

14절 말씀을 보겠습니다. 바울은 교회 안에는 내가 돌봐주어야 하는 더 약한 자들이 있다고 하는 점을 상기시켜 주고 있습니다. 두 사람이 같이 길을 가도 스승이 있는 법이고, 두 사람만 모여도 강한 자가 있고 약한 자가 있기 마련입니다. 그리고 각자 어떤 면에서는 강하고, 어떤 면에서는 연약한 면을 가지고 있기 마련입니다. 그래서 서로의 강점을 가지고 도움을 주고 받아야 합니다. 14절 말씀을 보시면 바울은 다시 한번 "또 형제들아 너희를 권면하노니"라고 부드럽게 권면하고 있습니다. 그러면서 바울은 "게으른 자들을 권계하며, 마음이 약한 자들을 격려하고, 힘이 없는 자들을 붙들어 주며, 모든 사람에게 오래 참으라"라고 권면하고 있습니다. 바울은 교회 가운데 있는 게으른 자들, 마음이 약한 자들, 힘이 없는 자들을 어떻게 도와주어야 하는지를 간단하게 권면해 줍니다.

첫째, 바울은 게으른 자들을 권계하라고 말합니다. '게으른 자들'이라는 표현을 개역에서는 '규모없는 자들'이라고 번역했습니다. '아탁투스'라는 말은 군대 대열에서 이탈한 자들을 가리킬 때 씁니다. 이들은 훈련을 제대로 받지 않으려고 하며 무질서한 자들을 말합니다. 데살로니가 교회 가운데 이런 자들이 있었습니다. 재림이 가까웠다고 하면서 일은 하지 않고 돌아다니면서 문제만 일으키는 사람들을 가리킵니다. 어느 교회나 남들은 열심히 맡은 일을 하고 있는데, 이 핑계 저 핑계를 대면서 일은 하지 않고 말로 문제를 일으키는 자들이 있습니다. 바로 그런 자들에 대해서 권계가 필요하다는 것입니다. 사랑 안에서 꾸짖어 주는 것이 필요합니다. 요즘 같이 잘못을 보고도 싫은 소리 듣지 않으려고 침묵하거나 방관하는 시대에 책선해 주는 것은 오히려 사랑의 증표입니다.

둘째, 바울은 마음이 약한 자들을 격려해 주라고 말씀합니다. 우리가 사도 바울의 서신들을 읽어 보면 그는 참으로 대단한 신학자요 선교사일 뿐만 아니라 탁월한 목회자라고 하는 점을 알 수가 있는데, 그는 특히 연약한 자들에 대한 관심이 깊습니다. 그리고 강한 자들이 그런 성도들을 어떻게 도와주어야 하는지에 대한 권면이 많습니다. 여기서 깊이 다룰 수는 없지만 로마서 14-15장이나 고린도전서 8, 10장을 읽어 보기를 바랍니다. 바울은 마음이 연약한 자들을 격려해 주라고 본문에서도 말씀합니다. '마음이 연약한 자들'(올리고프쉬쿠스)이란 이런 저런 인생의 재난이나 사별과 같은 현실에서 염려하고 걱정하며 불안해하기 쉬운 사람들을 말합니다. 그리고 새롭게 가지게 된 믿음 때문에 당면하게 되는 불편함이나 박해 상황 앞에서 두려워하면서 어찌할 바를 모르는 자들을 말합니다. 혹은 시한부 종말론과 같은 대중적인 믿음을 잘 이해하지 못하고 불안 초조해하면서 어찌할 바를 모르는 자들을 가리키기도 합니다. 그렇게 마음이 연약한 자들은 책망하는 것이 아니라 격려해 주는 것이 필요합니다. 말씀으로 잘 위로하고 격려해 주는 것이 필요합니다. 복음 안에서 담력을 가지고 무엇도 아끼지 않으시는 하나님에 대한 위로로 격려함이 필요합니다. 23절과 24절 말씀도 도움이 될 것입니다.

> 평강의 하나님이 친히 너희를 온전히 거룩하게 하시고 또 너희의 온 영과 혼과 몸이 우리 주 예수 그리스도께서 강림하실 때에 흠없게 보전되기를 원하노라. 너희를 부르시는 이는 미쁘시니 그가 또한 이루시리라 (23-24절)

세 번째로 바울은 힘이 없는 자들을 붙들어 주라고 권면합니다. '힘이 없는 자들'이란 몸이 아프고 기운이 없다는 뜻이 아니라, 영적으로, 그리고 도덕적으로 유혹에 약한 자들을 가리킵니다. 어떤 사람들은 유혹에 쉽게 넘어가지 않는 강한 믿음을 가지고 있지만 어떤 사람들은 쉽게 유혹에 빠집니다. 그런 사람들은 혼자 내버려 두면 안 되고 옆에서 붙들어 주어야 합니다. 알코올 중독자 치료 모임인 AA나 쇼핑 중독자들의 모임을 보면 소그룹으로 모여서 도움을 받게 합니다. 영적인 일도 마찬가지입니다. 소그룹으로 모여서 자기 문제를 드러내 놓고 도움을 받는 것이 성경적입니다. 목회자도 그렇게 힘이 없는 자들을 붙들어 주는 역할을 해야 하지만, 성도들 간에, 혹은 선배들이 후배들에게, 교사들이 주교생들에게 그런 역할을 해야 합니다. 작은 소그룹의 관계 속에서 자신의 연약한 바를 솔직하게 고백하면서 도움을 구하고, 강한 자는 그런 연약한 자를 건전한 의미에서 감시해 주기도 하고, 권면하고, 때로는 책망도 해 주어야 합니다.

사도 바울은 이와 같이 세 부류의 연약한 자들을 어떻게 도와줄 것인지에 대해서 알려 준 후에 "모든 사람에게 오래 참으라"라는 말로 14절을 끝맺고 있습니다. '오래 참음' 혹은 '인내'란 성령의 9가지 열매 중의 하나입니다(갈 5:22). 그리고 고린도전서 13장 4절에 의하면 사랑의 특징 중 하나입니다. 앞서 말씀드린 대로 게으른 자들을 권계하며, 마음이 약한 자들을 격려해 주고, 힘이 없는 자들을 붙들어 주는 일을 하다가 보면 화가 나고 부담스러운 일들이 많이 생깁니다. '내가 왜 이런 일을 해야 하나?'와 같은 마음이 생길 때도 있습니다. 지치고 곤고해서 포기하고 싶은 마음이 들기도 합니다. 그렇기 때문에 바울은 모든 사람에게 오래 참으라고 권면하는 것입니다. 목회자나 당회원들을 비롯하여 모든 그리스도인들에게 이 인내라는 덕목이 오늘날처럼 필요한 때가 없었습니다. 너무 쉽게 지치고, 포기하고, 판단하기 쉬운 때를 우리는 살아가고 있습니다. 초스피드 시대를 자랑하는 현시대를 살아가는 우리의 가장 큰 약점 중 하나인 것입니다. "인내는 쓰나 그 열매는 달다"라는 세상의 격언이나 "오래 참음으로 네 영혼을 구원하게 되리라"라는 말씀도 기억하는 것이 좋습니다.

항상 선을 따르라

마지막으로 15절에 기록되어 있는 권면을 살펴보려고 합니다.

> 삼가 누가 누구에게든지 악으로 악을 갚지 말게 하고 서로 대하든지 모든 사람을 대하든지 항상 선을 따르라 (15절)

'삼가 누가 누구에든지'라고 했으니 교회 안에 있는 모든 그리스도인들이 그렇게 해야 한다는 말씀입니다. "서로 대하든지 모든 사람을 대하든지"라고 하는 표현은 '모두에게'라는 말이고, '서로 대하든지'는 성도들간에라는 말입니다. "모든 사람들을 대하든지"라는 말은 우리가 만나는 모든 종류의 사람들과의 관계를 가리킵니다. 그리고 15절을 주목해 보면 바울은 하지 말라는 소극적인 권면과 하라는 적극적인 권면 두 가지로 권면하고 있습니다.

먼저 소극적인 권면을 보겠습니다. 상반절을 보면 "삼가 누가 누구에게든지 악으로 악을 갚지 말게 하라"라고 말씀합니다. 구약에 보면 동해보상법(*lex talionis*)이라는 것이 있습니다. 누구에게 피해를 입었으면, "눈에는 눈, 이에는 이로 갚아 주라"라는 법을 말합니다. 그러나 이것은 사적인 복수를 인정하는 말씀이 아닙니다. 손해를 입었다고 해서 무자비하게 보복하지 말고, 공적인 사법 제도를 통해서 손해 입은 만큼만 갚아 주라는 자비의 법입니다. 하지만 성경은 어느 곳에서도 개인적인 복수를 인정하지 않습니다. 본문에서도 바울은 누구에게든지 악을 악으로 갚지 말라고 권면하고 있습니다. 또 잠언 25장 21-22절에서도, 로마서 12장 20-21절에서도 악을 악으로 갚지 말고 선으로 악을 이길 것을 권면하고 있습니다. 성질이 급하여 말고의 귀를 칼로 벤 적이 있는 베드로도 베드로전서 3장 9절에서 "악을 악으로, 욕을 욕으로 갚지 말고 도리어 복을 빌라 이를 위하여 너희가 부르심을 받았으니 이는 복을 이어받게 하려 하심이라"라고 말씀합니다. 그리고 예수님께서도 마태복음 5장 43-44절에서 "또 네 이웃을 사랑하고 네 원수를 미워하라 하였다는 것을 너희가 들었으나 나는 너희에게 이르노니 너희 원수를 사랑하며 너희를 박해하는 자를 위하여 기도하라"라고 말씀하십니다. 물론 우리가 사안에 따라서는 공적인 사법 기관에 고소 고발하여 악한 자들을 합당하게 벌받게 하고 손해를 보상받아야 합니다. 하지만 하나님께서는 우리 개개인이 악에 대하여 악으로 보복하는 것을 원하시지 않습니다. 그것은 성도답지 못한 처사입니다.

다음으로 바울의 긍정적인 권면을 함께 살펴보도록 하겠습니다. 15절 하반절에 있는 말씀입니다.

"서로 대하든지 모든 사람을 대하든지 항상 선을 따르라."

항상 선을 따르라고 권면하는 말입니다. '선을 따르라'는 말은 '좇는다'는 말로도 번역했지만, '추구한다'(dioko, to pursue)라는 의미의 단어입니다. 그냥 되면 하고 안 되면 안 한다는 식이 아니라, 사냥꾼이 사냥감을 보고 맹렬하게 추격하듯이 그렇게 선을 추구하라는 말입니다. 그리고 그렇게 선을 추구해야 할 관계는 단순히 교회 내 성도들 간뿐만 아니라 모든 사람을 대해서도 그렇게 해야 한다고 말씀하고 있습니다. 교회 내에 있는 성도들은 같은 하나님의 가정에 속한 가족이고, 그리스도를 머리로 하는 몸 교회의 지체들이기 때문에 그들의 유익과 복지와 선을 추구해야 합니다. 그리고 이 세상에서 만나는 사람들은 하나님의 형상을 따라 지음받은 동료 피조물이기 때문에 선을 추구해야 합니다. 하나님께서는 악인이나 선인에게 비를 주시고 해를 주시는 등의 선을 베푸시듯이 우리도 그들에게 선을 베풀어 주어야 합니다. 그리고 그런 세상 사람들 가운데는 불원간에 예수 그리스도를 믿고 우리의 형제자매가 될 사람들이 많이 있습니다. 실제로 많은 이들이 그리스도인들의 선한 삶에 감동을 받아 믿음으로 이끌려 오기도 합니다.

사도 바울은 우리에게 항상 "선을 따르라", "선을 추구하라"라고 권면하고 있기 때문에, 선행에 대해서 잠시 정리를 한 후에 글을 마무리하고자 합니다. 바울은 선행(善行, Good Works)이라고 해서 우리가 본성적으로 행할 수 있는 선을 말하지 않습니다. 그런 점에서 인간의 선행은 철저하게 부정됩니다. 몇 가지로 정리해서 말씀을 드립니다.

선행은 성화의 열매입니다. 선행은 중생 사역에서는 단연코 배제되나 성화 사역, 곧 신앙생활에 있어서는 가장 중요한 핵심입니다. 왜냐하면 성화의 열매가 곧 선행이기 때문입니다(마 7:17-18). 구원은 하나님께서 우리를 사랑하사 일방적으로 주시는 선물이므로 선행은 구원과 아무런 상관이 없습니다.

둘째, 선행은 하나님께서 요구하시는 것입니다. 성도는 구원해 주신 은혜에 감사하고 감격하여, 믿음으로 하나님께서 요구하시는 하나님의 뜻(말씀)을 하나님에 대한 사랑의 마음을 가지고 행해야 할 의무가 있습니다(약 2:4-22).

세 번째로 선행은 하나님의 영광을 위하여 행해져야 합니다.

좋은 일을 한다고 다 선행이 아니며, 하나님의 말씀에 순종하여 하나님의 영광을 위하여 사는 행위가 기독교에서 말하는 참 선행입니다(요 15:8; 고전 10:31).

마지막으로 선행은 상급과 연결됩니다. 선행은 하나님의 요구이며, 인간 자력으로 할 수 없고 하나님께서 날마다 부여하시는 힘을 공급받아야만 행할 수 있기 때문에, 어떠한 선행도 인간의 공로가 될 수 없습니다. 그럼에도 하나님께서는 선행에 대하여 상급을 베푸시겠다고 약속하고 계십니다. 즉, 이 상급은 선행에 대한 보상이라기보다는 하나님의 선물이라고 보아야 마땅합니다(고전 15:10).[16]

우리가 추구해야 할 선행의 내용이 무엇일까에 대해서는 성경에 수많은 지침을 주고 있습니다. 이 장에서 살펴본 말씀대로 하는 것도 선행의 내용이 됩니다. 지도자의 수고를 알아주고 존중하고 사랑하고 격려해 주는 일이나 교회 내에 여러 가지로 연약하고 부족한 사람들을 합당하게 돌보고 챙겨 주는 일이 주님이 기뻐하시는 선행의 내용입니다. 그리고 주님께서는 그리스도께 속한 자라고 냉수 한 그릇 주는 것, 병든 자나 슬픔을 만난 자들을 찾아가는 것, 감옥에 갇힌 자들을 방문하는 것, 옷이 필요한 자에게 옷을 주는 것, 굶주린 자에게 음식을 만들어 주는 것, 어려움에 처한 선지 생도들을 공부하도록 도와주는 것 등 주님의 이름으로 행하는 모든 일들이 선행이라고 말씀하시고, 반드시 상을 주시겠다고 말씀합니다. 우리가 주님을 사랑하고 주님을 잘 대접하고 싶다면, 마태복음 25장 40절의 말씀을 기억해야 합니다. "임금이 대답하여 이르시되 내가 진실로 너희에게 이르노니 너희가 여기 내 형제 중에 지극히 작은 자 하나에게 한 것이 곧 내게 한 것이니라." 우리는 예배를 통해서 하나님을 기쁘시게 할 수도 있지만, 눈에 보이는 형제자매들에게 선을 베푸는 것도 주님을 섬기는 방법이라는 점을 잊어서는 안 됩니다. 그리고 잃어버린 세상에 대한 주님의 마음에 동참하여, 전도하고 할 수 있는 대로, 힘이 미치는 대로 선을 행하는 것 역시 주님을 기쁘시게 하는 것이라는 점을 기억해야 합니다.

08 마지막 권면과 당부사항들

살전 5:16-28

16절에서 28절까지는 중구난방으로 그저 생각나는 대로 이런 말 저런 말을 한 것처럼 보입니다. 그러나 스토트(John Stott, 1921-2011)는 교회의 공적 예배 정황에서 이 부분을 해설합니다.[17] 단순히 개인에게 권면하거나 적용되는 것으로 읽지 않고 교회적 정황 속에서 본문을 끝까지 읽어야 함을 의미합니다.

하나님의 뜻을 행하라(16-18)

첫 번째로 생각할 것은 16-18절에 있는 유명한 말씀들입니다. 이 말씀은 많은 신자들이 즐겨 암송하고, 복음송으로도 부르기도 합니다. "항상 기뻐하라. 쉬지 말고 기도하라. 범사에 감사하라. 이것이 그리스도 예수 안에서 너희를 향하신 하나님의 뜻이니라." 어떻습니까? 우리가 이러한 바울의 권면을 익히 들어왔는데, 잘 이해가 됩니까? 더욱이 이 말씀대로 사는 것이 쉬울까요? 아니, 이렇게 사는 것이 가능하기나 할까요? 이대로 사시는 분을 보셨나요? 즉, 언제나 싱글벙글 기뻐하는 사람, 늘 기도만 하는 사람, 좋은 일이 있어도 감사, 나쁜 일이 생겨도 감사 그렇게 사는 사람 말입니다. 본문은 쉬워 보이고 익숙해 보일지는 몰라도, 이해하거나 실천하기는 보통 어려운 일이 아닙니다. 일단 우리는 바울이 교회 공동체를 향해서, 환난 가운데 있는 데살로니가 교인들을 이러한 권면을 하고 있음을 기억해야 합니다.

항상 기뻐하는 것, 영어로 "올웨이즈 리조이싱"(always rejoicing) 한다는 것은 단순히 낙천적이거나 긍정 호르몬이 넘쳐서 나타나는 감정적이거나 감상적인 기쁨에 초점을 두고 있지 않습니다. 성격이나 기질의 문제가 아니라는 것입니다. 당연히 기뻐할 일이 넘쳐서 기뻐하는 것을 가리키지도 않습니다. 오히려 스토트가 잘 해설해 준 대로 "어떤 일이 일어나든지 하나님의 손을 보고 하나님의 장래의 구원에 거하는 것"을 의미합니다.[18]

두 번째, "쉬지 말고 기도하라"라는 말씀을 생각하면 정암 박윤선 박사가 생각납니다. 그는 신약학자요 교수였지만, 젊은 시절부터 기도하는 일에 힘 쓴 분입니다. 사당동 총신 뒷산 기도굴에서 기도하고 내려와 강의를 하기도 했고, 때로 사람들과 대화하다가도 이야기의 소재가 뜸해지면 눈을 감고 기도하던 어른입니다. 이처럼 기도하기도 쉽지 않을 것입니다. 우리는 이 권면을 로마서 12장 12절과 같이 "기도에 항상 힘쓰라"라는 말씀으로 이해하는 것이 좋습니다. 이 말씀에 대한 좋은 예증으로 누가복음 18장 1–8절에 있는 예수님의 비유와 가르침을 기억하는 것이 필요합니다. 예수님은 우리가 "항상 기도하고 낙망치 말아야 할 것"을 가르치려고 과부와 재판관의 비유를 드셨습니다. 그리고 결론에서는 "하물며 하나님께서 그 밤낮 부르짖는 택하신 자들의 원한을 풀어 주지 아니하시겠느냐 그들에게 오래 참으시겠느냐"라고 말씀하셨습니다.

마지막 세 번째로 하나님의 뜻은 "범사에 감사하라"(Give thanks in all circumstances)라는 것입니다. 하나님이 우리에게 주시는 모든 것을 은혜(grace)라고 한다면, 우리 신자들이 마땅히 하나님께 돌려드려야 할 반응은 바로 감사(gratitude)입니다. 은혜와 감사, 이 두 마디에 그리스도인의 모든 것이 담겨 있다고 해도 과언이 아닐 것입니다. 그리스도인은 누구보다도 감사하면서 생을 사는 자들입니다. 그러면 우리는 어떤 경우에 하나님께 감사를 드립니까? 우리가 만약 중병에 들었다면 기적적으로 나았을 때 감사할 것입니다. 학생들은 시험을 잘치고 나면 감사를 드릴 것입니다. 경제적인 어려움에서 벗어난 경우, 위기의 상황에서 건짐을 받는 경우, 사람들 간의 갈등이 해결이 되었을 경우, 취직이 잘 되었을 경우 등등. 우리는 틀림없이 좋은 일이 생겼을 경우에 마음에서 감사가 저절로 우러날 것입니다. 그런데 이와 같이 어려운 일들이 하나님의 은혜로 잘 해결되었을 때의 감사도 중요하지만, 하나님이 우리에게 요구하고 기대하는 감사의 수준은 그 정도에 그치지 않습니다. 범사에 감사하는 것입니다. 그렇다면 범사에 감사한다는 것이 무엇일까요? 영어 성경 NIV는 "Give thanks in all circumstances"라고 했습니다. 모든 상황, 어떤 사정 속에서도 감사를 드리라는 말입니다. 이 말은 우리가 감사할 만한 좋은 일들이 생겼을 경우, 하나님의 도우심을 분명하게 체험한 그런 좋은 경우만이 아니라, 전혀 감사하기 어려운 상황에서도 감사하라는 것입니다. 다시 말해서 시험에서 떨어지거나 원하는 직장에 취직하지 못한 경우, 또는 병이 들거나 이런 저런 실패 속에 있다고 하더라도, 전혀 감사할 조건이 아닌 상황 속에서도 감사하는 것이 하나님의 뜻이라는 것입니다. 로마서 8장 28절에 기록된 것처럼 모든 것이 합력하여 선이 되게 하시는 하나님을 바라봄으로써 말입니다. 인터넷에 떠도는 이야기를 소개해 드립니다.

공산 치하 때, 어느 목사님을 체포한 뒤에 고문을 했는데, 목사님은 매를 맞으면서도 "예수님 감사합니다"라는 말을 계속해서 했다고 합니다. 그 모습을 보고 내무서원이 "매를 맞으면서 뭐가 감사하냐?"라고 물었습니다. 그러자 목사님은 "나는 머리에서부터 발끝까지 예수님으로 꽉 차 있기 때문에 건드리기만 하면 예수님밖에 안 나옵니다"라고 대답했습니다. 그러자 내무서원은 "그러면 매를 맞으면서 무엇이 그렇게 감사하느냐?"라고 물었습니다. 목사님은

"내가 예수님을 위해 매를 맞으면 그만큼 하늘에서 상이 크기 때문입니다"라고 대답했습니다. 이후 감방에 집어넣었는데, 이번에도 기뻐하며 감사하다며 연이어 고백했습니다. 그래서 다시 무엇이 그렇게 감사한지를 물었습니다. 목사님은 "조용한 방에서 마음껏 기도할 수 있으니 얼마나 감사한 일입니까?"라고 했습니다. 마지막으로 "이 놈의 목사, 사형시켜 버리겠다"라고 하니까 더 기뻐하면서 감사하다고 했습니다. 내무서원은 "죽인다고 하는데 뭐가 그렇게 감사하냐?"라고 물었습니다. 그러자 목사님은 "이 세상에서 순교하면 이 다음 하늘 나라에서 제일 큰 상급을 받습니다. 나 같은 사람이 순교할 수 있으니 얼마나 영광스러운 일입니까?"라고 대답했다고 합니다. 그 대답에 내무서원은 이러지도 저러지도 못하다가 고심 끝에 결국 그를 집으로 돌려보내고 말았습니다.

영을 분별하라(19–22)

우리가 두 번째로 살펴볼 말씀은 19–22절에 있는 말씀입니다. "성령을 소멸하지 말며 예언을 멸시하지 말고 범사에 헤아려 좋은 것을 취하고 악은 어떤 모양이라도 버리라". 여기서 여러 가지 권면들을 하고 있지만, 결국 성령의 나타나심과 관련된 말씀입니다. 19절은 성령을 소멸하지 말라는 권면으로 시작합니다. 바울은 데살로니가전서 5장 19절에서 "성령을 소멸하지 말라"라

고 명령합니다.[19]

우선 성령을 소멸하지 말라는 말씀을 살펴보겠습니다. '소멸하다'로 번역된 헬라어 동사 '스벤뉘미'(sbennumi)는 "어떤 행동, 상태 혹은 기능 등이 기능하지 못하도록 하거나 존재하는 것을 멈추도록 하는 것"을 의미하고, 문자적으로는 '불을 꺼트리는'(히 11:34; 엡 6:16; 마 12:20 등) 것이나 비유적으로는 '꺼트리다', '숨막히게 하다', '억압하다'(살전 5:19) 등의 의미를 가진다고 합니다.[20] 신국제역성경(NIV)에서는 "성령의 불을 꺼트리지 말라"(do not put out the Spirits fire)라고 완곡하게 번역했습니다. 그리고 대부분의 학자들은 소멸해서는 안 되는 것을 '성령의 은사적인 현시들'(charismatic manifestations)이라고 보고, 특히 20–21절 상반절과 연관지어서 설명해 줍니다.[21] 이런 의미에서 반대어는 디모데후서 1장 16절에 기록된 '아나조퓌레인'(anazopurein–"다시 불일 듯하게 하다")입니다. 그러나 성령의 위격적인 차원에서 이해하는 워드는 에베소서 4장 30절에 기록된 바 성령을 근심케 하는 것과 성령 소멸이 같은 것이라고 봅니다.[22]

종교개혁자 칼뱅에 의하면 성령을 소멸하지 말라는 메타포는 성령의 능력과 본성으로부터 취해진 것인데 성령의 고유한 사역이 지성을 조명하는 것이기 때문에 빛이라고 불리고,[23] 성령의 빛은 감사하지 않거나, "예언들이 멸시를 받게 될 때 즉시 꺼지고 만다"라고 해석했습니다.[24] 그러나 저는 성령을 단순히 지성을 조명하는 빛이라고 보기에는 문제가 있다고 생각합니다. 세례 요한은 예수님에 대해서 불과 성령으로 세례 줄 자임을 예언했고(마 3:11; 눅 3:16), 오순절 성령 강림 시에 불의 혀가 갈라짐과 같이 역사하신 것(행 2:3, 4) 등을 볼 때 불같은 성령의 역사는 단순히 조명의 역사에만 제한되지 않는다는 것을 알 수 있습니다. 오히려 성령과 불은 정결하게 하고 소멸하는 불처럼 역사하신다는 의미를 포함한다고 할 수 있습니다.[25] 불 같은 성령의 역사를 체험한 사도들과 초대 교회 공동체는 죄를 깊이 회개할 뿐 아니라, 열정적으로 기도와 예배에 힘쓰는 자들이 되었고, 그들의 목숨 건 전도와 선교 활동을 통해서 복음은 가히 요원의 불길처럼 온 세상을 삼킨다는 것을 우리는 알고 있습니다.

그렇다면 우리가 어떤 경우에 성령, 혹은 성령의 역사를 소멸하게 되는지에 대해서도 살펴보겠습니다. 몇몇 학자들의 해석을 소개합니다. 19세기 영국의 신약학자인 라이트푸트(Joseph Lightfoot, 1828-1889)는 "우리의 부주의함이나 마음의 완고함 혹은 부도덕성 때문에 성령을 소멸할 수 있다"라고 말했고,[26] 20세기 루터파 주석가인 렌스키(Richard Lenski, 1864-1936)는 "우리의 육적인 그리고 세속적인 목적에 의하여 크게 잦아져 버리거나 아주 사라져 버릴 수 있고… 성령의 역사에 대하여 응답하지 않고 육신에 굴복해 버리는" 경우를 예로 들었습니다.[27] 마이클 홈즈는 형식화되고, 잘 짜여지고 통제 가능한 예배는 성령이 자유롭게 역사할 수 있는 기회를 주지 않는다고 말하기도 합니다. 사람들은 모든 것을 자신의 통제 아래 둘 때 편안함을 느끼지만, 그로 인해 성령이 자유롭게 역사하실 기회가 차단될 수 있다는 것은 문제가 됩니다. 또한 문화적인 기대나 기준들을 성령보다 더 가치 있게 평가하는 경우에도 성령은 소멸되며, 반면에 지나친 통제와 반대로 아무런 분별력이 없을 때도 성령은 소멸될 수 있다고 홈즈는 주장했습니다.[28] 스코틀랜드 신학자 제임스 데니(James Denny, 1856-1917)만큼 이 구절에 대해서 긴 해설을 남긴 이도 없을 것입니다.[29] 그는 성령의 열정 혹은 기독교적 열정주의를 이 세상에서 최상의 것이라고 평가했습니다. 그리고 교회 질서를 세우려는 열심과 예전 중심의 예배가 성령의 자유를 억눌러 왔다고 비평했습니다.[30] 또한 로버트슨(A. T. Robertson, 1863-1934)에 의하면 은사 활용과 관련해서 차가운 무관심도 거치른 남용도 성령을 소멸하는 길이라고 비판했습니다.[31] 이 점과 관련해서 고든 피(Gordon Fee, 1974-2022)는 지나친 남용에 대한 해독제는 적절한 사용이라고 주장하는 것을 볼 수 있습니다.[32]

바울은 성령을 소멸하지 말라는 말씀에 이어서 예언을 멸시치 말라고 했는데, 이 구절을 잘 이해할 필요가 있습니다. 오늘날도 많은 논쟁의 대상이 "방언과 예언의 은사가 존재하느냐"입니다. 적어도 개혁주의 입장은 새로운 계시를 주는 의미에서의 은사는 중단되었다고 합니다. 왜냐하면 신구약 66권 정경이 완성되었기 때문입니다. 데살로니가서가 쓰이던 시점은 아직 신약이 완성되지 않았었고, 교회 가운데 선지자들이 존재했습니다. 사도행전이나 고린도전서 12-14장을 보면 예언자나 예언의 은사에 대한 말씀이 나옵니다. 구약의 예언자들은 정확무오한 하나님의 말씀을 받아 백성들에게 대언하거나 기록했습니다. 신약의 예언자들은 성경 계시가 주어지고 있던 시절에 지교회에서 하나님의 말씀을 직접적으로 받아 전하는 역할을 수행했습니다. 아가보나 빌립의 네 딸들이 그 역할을 했습니다. 그런데 신약이 완성되고 난 후에도 그렇게 "예언이 존재한다"거나 "하나님이 내게 말씀하신다"라고 공적으로 말하는 목회자들이나 선교 단체 지도자들이 있습니다. 로렌 커닝햄(Loren Curningham, 1935-2023)이나 데이비드 오워(David Owuor, 1960-)는 한국에 전쟁이 일어날 것이라고 예언하기도 했었습니다. 신학자 가운데는 웨인 그루뎀(Wayne Grudem, 1948-)이 그런 입장을 유력하게 대변해 왔습니다. 오늘날도 정경에 기록될 만한 예언까지는 아니지만, 유효하고 도움이 되는 예언을 주신다는 것입니다.

그러나 앞서 말씀드린 것처럼 우리 개혁주의 입장은 정경의 종료성을 확고히 견지합니다. '솔라 스크립투라'(*sola scriptura*)의 원칙을 견지합니다. 우리는 전통을 존중하여 성경과 나란히 놓는 로마 교회의 입장에 대항하여 종교 개혁이 일어난 것을 기억합니다. 오늘날은 신사도 운동이나 성령 운동을 하는 진영의 성경 +

경험(내적 말씀이나 예언의 말씀이라고 하는) 주장에 대해 다시 한번 오직 성경으로를 견지해야 하는 시대입니다. 물론 어떤 의미에서 칼뱅이나 퍼킨스(William Perkins, 1558-1602) 같은 청교도들이 말하는 대로 예언은 기록된 성경 말씀을 잘 해설하여 오늘날 적용하는 설교와 동일시할 수도 있습니다. 퍼킨스는 설교학 책을 "예언의 기술"(The Art of Prophesying)이라고 명명하기도 했습니다. "성경은 오늘날도 말씀하십니다"(Bible Speaks Today). 그리고 성경 본문이나 그 의미에 대한 탁월한 통찰력, 현대 세계에 대한 예리한 적용, 특정한 상황 속에 있는 특수 공동체를 향한 하나님의 특별하신 뜻을 깨닫는 영적 은사도 예언적이라고 말할 수 있습니다.

바울 당시에는 방언이 있고, 예언의 은사를 받은 이들이 있었습니다. 고린도전서 14장에서 말씀하는 대로 공예배가 무질서해지고 어지러워지기도 했습니다. 데살로니가 교인들을 향해 바울은 21-22절에서 "범사에 헤아려 좋은 것을 취하고 악은 어떤 모양이라도 버리라"라고 권면해 줍니다. 설교든, 간증이든, 경험이든 우리는 오직 성경이라고 하는 기준에 따라 분별하고 검증할 수 있어야 합니다. TV나 인터넷에서 홍수처럼 범람하는 설교나 강의들을 분별할 수 있어야 합니다. 분별하여 좋은 것, 하나님의 뜻에 부합한 것은 우리가 받아들이고, 그렇지 않은 것들은 모양조차도 버려야 합니다.

마지막 축원과 당부 사항(23-28)

이제 우리는 데살로니가전서의 마지막 부분인 23-28절을 상고할 차례입니다. 바울의 마지막 축복하는 기도문과 몇 가지 당부 사항들로 채워져 있는 부분입니다. 우선 23-24절을 보면 바울은 데살로니가 교인들을 향해 축복 기도를 하고 있습니다.

> 평강의 하나님이 친히 너희를 온전히 거룩하게 하시고 또 너희의 온 영과 혼과 몸이 우리 주 예수 그리스도께서 강림하실 때에 흠 없게 보전되기를 원하노라. 너희를 부르시는 이는 미쁘시니 그가 또한 이루시리라 (23-24절)

서신의 구조적인 측면을 먼저 살펴보겠습니다. 앞서 1장 2절-3장 10절을 3장 11-13절에 있는 기도문을 통해 요약했듯이, 바울은 서신의 두 번째 부분인 4장 1절-5장 22절에 이어 본 23-24절의 기도문을 통해 요약해 줍니다.[33] 앞서 바울이 거룩(4:3)에 대해서 강조하고, 주님의 재림(4:13-5:11)에 대해서 강조했는데, 23절 한 절 안에 그 주제가 반복됩니다. 이제 내용을 살펴보면 바울은 "평강의 하나님"을 언급합니다. 평강, 평화의 근원이신 하나님, 구약으로 표현하면 여호와 샬롬이신 하나님께 기도를 드립니다. 우리는 평강이나 평화라고 하면 단순히 갈등과 분쟁이 없거나 없어지는 것과 같은 소극적인 것으로 이해하기가 쉽습니다. 그러나 성경에서 말하는 평화는 "더욱더 긍정적으로 화해된 관계로 특징지어지는 온전함과 해복의 상태"를 가리킵니다.[34] 샬롬의 의미를 다 담아낼 수 있는 번역은 온전함(wholeness)이라고 할 수 있습니다.

바울은 평강의 하나님께서 너희를, 즉 데살로니가 교인들과 우리 믿는 자들을 온전히 거룩하게 하실 것이라고 축원합니다. 거룩하게 됨은 우리 신자들에게 명령된 것이지만, 또한 거룩하게 하시는 주체는 하나님이심을 기억해야 합니다. 아울러 거룩은 신분적 거룩함의 의미에서는 확정적(definitive)이지만, 과정적인 것임을 기억해야 합니다. 이어지는 구절을 보면 바울은 그 완성의 날이 주님의 재림의 날임을 다시 한번 밝힙니다.

> 또 너희의 온 영과 혼과 몸이 우리 주 예수 그리스도께서 강림하실 때에 흠 없게 보전되기를 원하노라 (23절b)

바울이 영과 혼과 몸 이렇게 세 가지를 말함으로 어떤 이들은 우리 인간의 구성이 삼분설이라고 주장하는 이들이 있습니다. 그러나 그것은 성경적인 관점이 아닙니다. 바울은 너희, 곧 너희의 온 영과 혼과 몸, 즉 너희 전 존재를 흠 없게 보전하실 것이라고 말하고 있습니다. 당시 헬라인들은 몸을 영혼의 무덤이나 감옥으로 여기고, 몸이 죽고 영혼이 몸을 벗어나는 것을 구원이라고 생각했습니다. 그러나 바울은 몸도 하나님의 선한 창조로서 일시적인 것이 아니라 부활이 있을 것을 고린도전서 15장에서 말해 줍니다. 오늘 본문도 우리의 몸과 혼과 영 전체를 보존하시고 거룩하게 하시는 것이 구원의 완성임을 밝혀 주고 있습니다. 그리고 이어지는 24절에서 바울은 자신의 축원하는 바의 근거가 하나님께 있음을 밝힙니다. "너희를 부르시는 이는 미쁘시니 그가 또한 이루시리라." 우리를 부르시어 구원받게 하시고 하나님의 자녀되게 하신 하나님께서는 신실하시기 때문에, 반드시 우리의 구원을 온전하게 완성하실 것이라는 것입니다. 바울은 빌립보서 1장 6절에서는 "너희 안에서 착한 일을 시작하신 이가 그리스도 예수의 날까지 이루실 줄을 우리는 확신하노라"라고 말해 주고, 고린도전서 1장 8절에서는 "주께서 너희를 우리 주 예수 그리스도의 날에 책망할 것이 없는 잘 끝까지 견고하게 하시리라"라고 말씀하고 있습니다. 우리 안에 선한 일을 시작하신 하나님이 신실하신 분이기에 반드시 약속하신 바를 이루어 주실 것을 확신할 수 있는 것입니다. 이것을 달리 표현하자면 도르트총회에서 결정한 다섯 가지 요점 중 하나인 "성도의 견인"(the perseverance of the Saints) 교리인 것입니다.[35]

25절을 보면 바울은 데살로니가 교인들의 기도를 요청합니다.

형제들아 우리를 위하여 기도하라 (25절)

사도로서 권위를 가지고 성도들을 위하여 축복하고 기도해 줄 뿐 아니라 바울은 자신과 자신의 목회 동역자들을 위해서 성도들이 기도해 줄 것을 요청하고 있습니다. 바울의 이러한 기도 부탁은 여기서만 아니라 여러 곳에서(살후 3:1-2; 롬 15:30-32; 고후 1:11; 골 4:3-4) 발견됩니다. 오늘날 목회자들은 맡은 양무리들을 위해서 기도를 해야 합니다. 그리고 교우들도 자신의 목회 리더들을 위해서 기도해야 합니다.

이렇게 기도 부탁을 한 후에 바울은 공동체 구성원들을 향해 "거룩하게 입맞춤으로 모든 형제에게 문안하라"(26절)라고 권면합니다. 이러한 권면을 문자적으로 이해할 한국인은 드물 것입니다. 거룩한 입맞춤(holy kiss)라고 하는 것은 우정의 악수나, 목례 등의 형태로 표현될 수 있습니다. 바울은 자신의 서신에서 키스에 대한 언급을 네 번 했습니다(롬 16:16; 고전 16:20; 고후 13:12). 당시대의 배경을 살펴보면 이것은 "그리스-로마와 유대 문화의 고대 세계에서 관습적인 인사인 입맞춤으로 가족과 친구 사이에 애정과 윗사람에 대한 존경의 표시"였습니다. 초대 교회 성도간에 거룩한 입맞춤이라는 관행의 도입은 서로를 가족관계로 이해했다는 의미이고 "상호 간의 애정과 연합의 표시로서 기능"했습니다.[36] 그러니 문화에 따라서 그 방식이 다를 수는 있지만, 애정과 존경의 마음을 표시하는 인사의 합당한 방식은 다양할 수 있습니다. 중요한 것은 하나님을 경외하고, 목회 리더십을 존중하며 위해서 기도해 줄 뿐 아니라, 공동체 내에 있는 형제자매들에 대해서도 합당한 예절로 대하고 그리스도인의 사랑을 표현하라는 것입니다. 영혼없는 사과라는 표현처럼, 영혼없는 빈 말뿐인 덕담과 너스레가 아니라 진심을 담은 근거가 있는 인사를 즐겨 하라는 것입니다.

25-26절은 성도 간의 평등한 관계에서 기도를 부탁하고, 서로 간의 따뜻한 사랑을 담은 인사를 당부했던 바울은 27절에서는 사도적 권위를 가지고 명령을 합니다.

> 내가 주를 힘입어 너희를 명하노니 모든 형제에게 이 편지를 읽어 주라 (27절)

바울은 데살로니가 교회에 속한 모든 신자들이 예외 없이 자신이 써 보내는 데살로니가전서를 듣고 알아야 한다는 점을 명령형으로 표현했습니다. 바울의 개인적인 서신이나 개인 권면이 아니라, 사도 바울이 그리스도께 받아서 전하는 하나님의 영감된 말씀이기 때문입니다. 당시는 문맹률이 높은 데다가, 종이가 없어서 '양피지'나 '파피루스'에 글을 기록해서 보냈기 때문에 개인이 성경을 소장할 수 없었습니다. 따라서 교회 예배 시간에 낭

독자가 서신을 읽어 주고, 회중들은 귀를 기울여 듣는 방식을 취할 수밖에 없었습니다. 그래서 요한계시록 1장 3절에도 보면 "이 예언의 말씀을 읽는 자와 듣는 자와 그 가운데에 기록한 것을 지키는 자는 복이 있나니 때가 가까움이라"라고 말씀하는 것입니다. "내가 주를 힘입어 너희를 명하노니 모든 형제에게 이 편지를 읽어 주라"라는 말씀은 당시 초대 교인들에게만 해당하는 것이 아니라 신약 시대 모든 신자들에게 해당하는 권면이자 명령입니다. 우리 역시도 그러한 말씀에 근거하여 이렇게 데살로니가전서를 잘 읽고 이해하려고 애쓰는 것입니다.

이제 마지막 절인 28절 말씀에 이르렀습니다. 데살로니가전서가 총 89절인데, 그 가운데 마지막 절입니다. 바울은 "우리 주 예수 그리스도의 은혜가 너희에게 있을지어다"라는 축원으로 본 서신을 끝냅니다. 이는 바울이 쓴 모든 서신의 마지막 절에 동일하게 나타납니다. 바울은 항상 그리스도의 은혜가 성도들 가운데 함께하기를 축원하면서 편지를 끝맺곤 합니다.[37] 우리는 '은혜'라는 단어를 너무 많이 사용하고 있습니다. 그러면서도 정작 정확하게 이해하지 못하는 이들이 있습니다. 은혜, charis, grace는 바울의 전용어이다시피 한데, 하나님께서 그리스도 안에서 아무런 자격없는 오히려 정반대 대우를 받아야 마땅한 우리 인생들에게 베푸신 호의요 사랑을 의미합니다. 받을 만한 자격이 없는(undesreved) 우리에게 그 무엇으로도 대가를 지불할 수 없는 호의를 베풀어 주신 것이 은혜입니다. 그래서 아우구스티누스는 “갚을 수 있는 것이라면 은혜가 아니다”라고 잘 말해 주었습니다. 그러한 은혜로 베푸신 것이 우리의 구원입니다. 그리고 하늘에 속한 모든 신령한 복들입니다. 바울은 직분도 은혜라고 보고, 헌금할 수 있는 것도 은혜라고 봅니다. 고난에 참여하는 것도 은혜라고 봅니다. ‘감히 나 같은 사람이…’라는 마음으로 직분이나 헌금, 고난을 바라본 것입니다. 오늘 데살로니가전서에서도 그러한 은혜의 많은 측면들을 우리에게 펼쳐 보여 주었습니다. 바울이 신자의 누릴 수 있는 축복들, 그리고 이미 누리고 있는 축복들의 근거는 바로 그리스도 예수의 은혜에 있음을 기억하게 합니다. 뿐만 아니라 환난과 박해 중에도 믿음과 소망을 잃지 않고 인내하며 거룩을 향해 전진할 수 있는 힘이 그리스도의 은혜에 있음을 바울은 상기시켜 줍니다. 선한 일을 시작하게 하신 것도 은혜요, 과정도 은혜요, 완성에 이르게 하시는 것도 은혜라고 하는 점을 마지막 구절에서 인을 치고 밑줄을 진하게 그어서 강조하듯 하며 마치는 것입니다.

2부

§

데살로니가후서

2 THESSALONIANS

09 그리스도의 재림

살후 1:1-12

데살로니가후서는 사도 바울의 2차 선교 여행 중에 쓰인 서신입니다. 앞서 데살로니가전서에서 보았듯이 바울이 3주간 머물며 선교했던 곳이지만, 그렇게 전한 복음이 이방인의 심령 속에서 싹이 트고 열매를 주렁주렁 맺기에 이르렀습니다. 환난과 박해를 피하여 급히 떠날 수밖에 없었던 바울은 이 소식을 듣고 너무나 기뻐하고 감격할 수밖에 없었습니다. 그리고 오직 하나님의 역사임을 인정하고 찬송드릴 수밖에 없었습니다. 그럼에도 불구하고 세워진 지 얼마 되지 않은 교회였기에 여러 가지 미숙함과 혼란이 있었다는 것도 부인할 수가 없습니다. 데살로니가후서에서도 바울은 그 가운데서 특히 재림과 관련된 문제를 다루고 있습니다.

우선 1-2절을 보시면 데살로니가전서 1장 1절과 거의 유사함을 확인할 수 있습니다. 바울 곁에 있던 선교 동역자들인 실라아노와 디모데가 함께 문안 인사를 보냅니다. 교회를 묘사할 때는 "하나님 우리 아버지와 주 예수 그리스도 안에 있는 데살로니가인의 교회"라고 했습니다. 데살로니가전서 강해 때도 설명드렸듯이 세워진 지 얼마 되지도 않는 데살로니가 교회가 그 많은 환난과 박해 중에도 든든히 세워져 가고, 참 은혜의 역사를 체험할 뿐만 아니라 믿음으로 소문난 교회가 될 수 있는 비결은 그 교회가 인간적인 기구나 단체가 아니라 하나님 아버지와 주 예수 그리스도 안에 뿌리를 내리고 있기 때문입니다. 아버지와 그리스도 안에 있다는 것은 성삼위 하나님 안에 뿌리를 내리고 살며, 생명과 능력을 공급받는 존재라는 의미입니다. 다르게 표현하자면, 교회는 주님이 세우시고, 책임지며, 양육하시고, 공급하시며, 책임지는 존재라는 것입니다. 따라서 음부의 권세가 이기지 못하게 하는 분은 주님이지 바울이나 다른 사람이 아닌 것입니다. 네로 황제로부터 시작된 로마 제국 10대 박해 동안에도 그리스도의 교회는 박멸되기는커녕 더 왕성했었다는 것을 기억하십시오. 오늘날 어떤 교회이든 지교회의 이름은 다양할 수 있겠지만, 참된 교회의 영적인 조건은 같습니다. 하나님 아버지와 주 예수 그리스도로부터 우리에게 필요한 모든 복락들이 다 흘러나오는 것도 교회가 성삼위 안에 있기 때문입니다.

우리는 1-2절 서론에 이어서 3-12절의 말씀을 크게 세 부분으로 나누어서 살펴보려고 합니다. 1장 전체의 주제는 예수 그리스도의 재림과 관련되어 있습니다. 7절에 있는 "주 예수께서 하늘로부터 나타나실 때"가 키워드입니다. 데살로니가전서 4장에서는 강림이라는 용어를 썼으나 데살로니가후서 1장에서는 나타나심(Appearing)이라는 용어를 사용했습니다.

감사하고 자랑할 만한 교회(3-4)

먼저 3-4절을 살펴보겠습니다. 바울이 데살로니가 성도들로 인해 감사하고 칭찬하고 있는 부분입니다.

우리가 요한계시록 2-3장에 기록된 당시 소아시아 7개 교회에 보내신 편지에서도 확인할 수 있듯이, 주님께서도 교회들마다 칭찬할 부분을 먼저 언급하셨습니다. 바울도 갈라디아서를 제외한 대부분의 서신을 수신자들에 대한 칭찬과 감사로 시작하는 것을 볼 수 있습니다. 세워진 지 얼마 안 되지만 신망애의 열매로 소문이 난 데살로니가 교회를 향해서도 마찬가집니다. 바울은 3절을 시작하면서 "형제들아 우리가 너희를 위하여 항상 하나님께 감사할지니 이것이 당연함은"이라고 시작합니다. 바울은 직접 목도하지는 못했지만, 디모데의 보고를 통하여 알게 된 데살로니가 성도들 때문에 하나님께 항상 감사하고 있으며, 또한 그렇게 하는 것이 당연하다고 고백합니다. 이는 데살로니가전서 5장 18절에서 본 것처럼 범사에 감사하는 것이 하나님의 뜻이기 때문이기도 하지만, 감사할 수밖에 없는 당연한 이유들 때문에 바울은 그렇게 표현하는 것입니다.

이어지는 3절 하반절을 보면 바울은 두 가지 이유를 먼저 언급합니다.

> 너희의 믿음이 더욱 자라고 너희가 다 각기 서로 사랑함이 풍성함이니 (3절b)

바울은 이처럼 감사할 수밖에 없는 이유로, 성도들의 믿음이 더욱 성장한 것과 성도들 상호간에 사랑이 풍성해진 것을 들고 있습니다. 믿음이 하나님께 대한 신뢰와 사랑이라면, 사랑은 성도들 상호간에 드러나고 실천되어야 할 덕을 가리킵니다. 이미 우리는 데살로니가전서 1장에서도 성도들의 믿음과 사랑으로 데살로니가 교인들이 칭찬받는 모습을 살펴보았습니다. 그러면서도 바울은 그들의 믿음에 부족한 부분을 채워 주고 싶어 했고(살전 3:10), 성도들 상호 간의 사랑이 넘쳐나기를 위해 기도하였습니다(살전 3:12). 그런데 바울이 데살로니가전서를 인편에 보내고 난 후 되돌아온 보고를 통해, 그가 그렇게도 소망하고 기도하던 대로 교인들의 믿음이 나무가 장성하게 자라듯이 자라고 있고, 사랑도 홍수가 나서 범람하듯이 넘쳐나고 있음을 듣게 된 것입니다.[38] 여기서 우리는 우리의 믿음과 사랑이란 한 번 발휘되면 고정되고 안심해도 되는 것이 아니라, 더욱 성장하고 풍성해져야 하는 성격을 가지고 있음을 배웁니다. 우리의 기도 제목으로 삼을 일입니다. 바울은 이러한 믿음이 성장하고 사랑이 풍성해지는 것을 보면서 하나님의 전적인 은혜임을 깨닫고 하나님께 당연히 감사드리고 영광을 돌려드리는 것입니다.

바울이 감사하는 것이 마땅하다고 생각하는 또 하나의 이유는 4절에 있습니다.

> 그러므로 너희가 견디고 있는 모든 박해와 환난 중에서 너희 인내와 믿음으로 말미암아 하나님의 여러 교회에서 우리가 친히 자랑하노라 (4절)

바울이 감사하는 또 하나의 이유가 무엇입니까? 데살로니가 교인들이 모든 박해와 환난 중에 견디고 있는 인내로 인해 감사하는 것입니다. 여기서는 '소망'이라는 단어가 빠졌지만, 그들이 그렇게 참고 인내할 수 있는 이유는 주 예수 그리스도에 대한 소망 때문입니다. 그리고 그러한 소망 때문에 여러 가지 종류의 환난과 박해를 경험하게 되는데도 불구하고 이탈하거나 포기하지 않고 그 믿음을 꿋꿋이 지켜 낸 것은, 그들이 참 거듭난 하나님의 자녀요 성령의 은혜를 경험하고 있는 자들이라는 명확한 증거가 되는 것입니다. 이 이유 때문에 바울은 데살로니가전서 1장에서 "형제들아 너희를 택하심을 아노라"라고까지 말할 수 있었던 것입니다. 평탄할 때, 분위기 좋을 때는 잘 믿는 것처럼 보이다가 환난의 바람이 불어오면 교회를 떠나 사라져 버리거나 변절자가 되는 경우도 많습니다. 반면 어떠한 역경과 환난에서도 견디고 인내하는 것은 참 신앙자라는 증거가 됩니다.

바울은 이처럼 믿음, 소망, 사랑의 열매들의 풍성함을 보고 하나님께 감사드리는 것이 마땅하다고 고백했습니다. 잠시 머물러 복음을 전했는데도 하나님의 은혜가 너무나 풍성하게 역사하여 이런 교회를 세워 주셨기에 감사와 감격 속에서 하나님께 감사를 드릴 수밖에 없는 것입니다. 진정한 의미에서 바울은 "하나님이 다 하셨습니다. 홀로 영광을 받아 주십시오"라고 고백했을 것입니다. 그런데 3절 상반절과 4절 하반절은 상충되는 것처럼 보입니다. 왜냐하면 하나님께 감사드리는 것이 마땅하다고 한 바울이 "하나님의 여러 교회에서 우리가 친히 자랑하노라"라고 말하고 있기 때문입니다. 이것은 '하나님께 감사하고 영광돌려 드리면서, 동시에 사람들 앞에서 자랑한다는 것이 양립할 수가 있는가'에 관한 문제입니다. '사람을 높이지 않으면서 사람을 칭찬할 수가 있는가?' 하는 문제는 늘 우리 현실에서 직면하게 되는 문제입니다. 한편 인간에게 칭찬할 줄 모르는 이들이 있고, 또 하나님께 돌아갈 영광을 빼앗아서 인간에게 돌리는 경우도 있습니다. 그러나 바울은 하나님께 영광 돌려드리면서 동시에 사람을 칭찬하고 격려하는 길이 있음을 우리에게 보여 줍니다. 성도들 가운데 경험되고 실천되는 각양의 은혜의 덕들은 분명히 하나님께로부터 온 것이으므로 오직 하나님께만 영광을 돌려드려야 합니다. 그러나 또한 믿고, 사랑하고, 인내하며 열매를 맺는 사람들에 대해서도 칭찬을 해 주어야 합니다. 존 스토트는 이 점에 대해서 잘 설명해 줍니다.

> "형제여 (혹은 자매여), 나는 형제로 인해 하나님에게 감사합니다. 나는 하나님이 형제에게 주신 은사로 인해, 형제의 삶에 나타난 하나님의 은혜로 인해, 형제 안에서 보는 그리스도의 사랑과 온유함으로 인해 하나님에게 감사합니다."

이러한 방법은 아첨하지 않고 인정해 주며, 의지양양하게 만들지 않으면서 격려해 주는 방법입니다.[39]

하나님의 공의로운 심판(5-10)

두 번째로 우리가 상고할 부분은 5-10절에 있는 말씀입니다. 바울은 데살로니가 성도들의 신망애에 대해 칭찬하고 감사를 드린 후에, 그렇게 환난 중에 있는 성도들을 위해 하나님의 공의로우심에 대해 설명해 줍니다. 사실 이 부분은 상당히 심오한 내용의 도입이라고 할 수 있습니다. 욥기 이래로 신정론이라는 주제가 있습니다. 세상 가운데 횡행하는 악인들의 횡포와 무죄한 자의 고난에도 불구하고 하나님은 의로우신가? 하나님은 제대로 통치하시는가? 하는 질문에 대해서 "하나님이 옳으시다", "공의로우시다"를 변호하는 것이 '신정론'(theodicy)입니다. 오늘날도 동일한 질문과 고뇌, 심지어 절규가 있지 않습니까? 아예 하나님을 믿지 않는 이들이라면 "세상 돌아가는 꼴을 보니 신이 있긴 어디 있느냐"라고 하겠지만, 하나님을 잘 믿는 신자들에게는 "나는 하나님이 살아 계심을 믿는다. 그런데 하나님은 왜 세상을 이렇게 그냥 내버려 두시는가? 왜 잘 믿어 보려고 애쓰고 힘쓰는 나에게 복을 주시고 형통하게 하시지 않는가?"라고 하는 의문이 생길 수 있습니다.

바울은 믿은 지 얼마 되지 않았음에도 불구하고 제대로 믿음이 들어갔고, 사랑하며, 인내하고 있는 데살로니가 성도들을 위해서 하나님의 공의에 대한 심오한 설명을 해 줍니다. 5절을 보면 "이는 하나님의 공의로운 심판의 표요 너희로 하여금 하나님의 나라에 합당한 자로 여김을 받게 하려 함이니 그 나라를 위하여 너희가 또한 고난을 받느니라"라고 시작합니다. 하나님의 공의로운 심판의 표라고 할 때 '표'(endeigma, 엔데이그마)는 분명한 표시라는 뜻입니다. 무엇이 하나님의 공의로운 심판의 표시라는 것일까요? 앞서 본 대로 성도들에게 나타나는 믿음, 소망, 사랑 혹은 그들이 그리스도를 위해 고난을 받고 있다는 것을 말하는 것일까요? 우리가 신약성경을 제대로 읽었다면 예수님이나 사도들이 "예수를 믿으면 구원을 받는다"라고는 하지만, "예수를 믿으면 만사형통할 것이다"라고 말하지는 않으셨다는 것을 알 것입니다. 언젠가 어떤 솜사탕 같은 메시지만 뿜어내던 한 설교자가 어느날 성경을 찢었다고 하는 기사를 본 적이 있습니다. 늘 긍정적이고, 희망차고, 위로하고, 격려하고, 잘 될 것이라고 하는 메시지만 전하고 싶은데, 성경 곳곳을 보니 고난과 박해에 대해서 말하고 있었기 때문입니다. 그렇습니다. 예수님도 제자의 길이 십자가를 지는 고난의 길이라고 말씀하셨고, 바울도 사도행전 14장 22절을 보면 "또 우리가 하나님의 나라에 들어가려면 많은 환난을 겪어야 할 것이라"라고 초신자들을 향해 말해 줍니다. 사도 베드로 역시 베드로전서에서 선명한 언어로 고난의 신학을 자세하게 전개하고 있습니다.

이처럼 우리가 구원받고 하나님의 나라에 들어가려면 고난을 감수해야 합니다. 바울은 이러한 이치에 따라 믿고 고난 중에 있는 데살로니가 교인들을 향해 "자, 이렇게 된 것이 하나님의 공의로운 심판의 분명한 표시이다"라고 말해 주는 것입니다. 그리고 그러한 고난을 통해 신자들은 "하나님의 나라에 합당한 자로 여김을 받게" 되는 것입니다. 이는 우리가 고난을 받고 그 대가로 하나님의 나라를 얻는다는 말이 아닙니다. 은혜로 구원받은 자들로 하여금 하나님 나라에 합당한 자가 되게 하는 분은 하나님이십니다. 신자는 고난을 통해 하나님의 자녀답게 성화되어 가기도 합니다. 그러나 이것을 마치 고난을 참고 견뎌서 그 공로로 구원받는 것처럼 오해해서는 안 됩니다. 우리는 은혜로 구원을 받았고, 은혜로 고난을 통과할 수 있습니다. 그 고난을 통해 연단받고, 그리스도를 닮아 가게 되는 것입니다. 그리고 이러한 과정들을 통해 우리가 하나님의 자녀라고 하는 사실을 선명하게 확인하게 됩니다. 더군다나 바울이나 데살로니가 교인들이 그러했지만, 신자로서 고난을 받을 때 그 고난의 의미는 "하나님의 나라를 위하여" 받는 자발적인 고난의 의미, 헌신의 의미를 가지게 되기도 합니다.

결국 바울은 모든 환난과 박해 중에 있는 신자들에게 당장에 형통함을 약속하지 않습니다. 대신 그 고난의 의미를 설명해 주었습니다. "고난은 우리가 하나님의 자녀라고 하는 표시다. 우리는 하나님의 나라를 위해 고난받는다"라고 말입니다. 하나님은 자기 자녀들에게 이렇게 하십니다. 그러나 이것이 끝이 아닙니다. 바울은 신자들이 미래에 받게 될 신원설치(伸冤雪恥)에 대해서 말해 줍니다. 6-10절에 있는 말씀입니다. 바울은 하나님의 공의가 충만하게 드러나게 되면 어떤 일이 일어나는가에 대하여 "너희를 환난을 받게 하는 자들에게는 환난으로 갚으시고 환난을 받는 너희에게는 우리와 함께 안식으로 갚으시는 것이 하나님의 공의시니"(6-7절a)라고 말합니다. 이것은 궁극적으로는 세상의 심판자이신 주 예수 그리스도께서 재림하실 때에 이루어질 최후 심판을 가리키는 것입니다. 그날에 우리의 억울함은 풀어지고, 모든 고통과 슬픔에서 신자들은 자유롭게 될 것입니다. 그러나 복음을 거부하고, 신자들을 박해하던 자들은 돌이킬 수 없는 환난에 처하게 될 것입니다. 바울은 환난 중에 고통당하고 있음에도 불구하고 믿고 사랑하고 인내하고 있는 성도들에게 잘 하고 있다고만 말하지 않고, 그들에게 주어질 미래의 복에 대해서 소개해 주고 있습니다. 힘들고 어려운 현실이지만 눈을 들어 미래를 보라는 것입니다. 우리가 종말론적인 신앙을 가지는 것이 중요한 이유입니다. 현재에만 고개를 처박고 살아가면 절망하거나 현실과 타협하고 살 수밖에 없지만, 우리의 미래를 말씀 안에서 바라볼 때에 희망찬 소망을 가지고 전진할 수 있습니다.

바울은 성도들에게 하나님의 공의가 완전하게 드러날 재림에 대해서 다시 한번 소개해 줍니다. 데살로니가전서 4장 13절 이하에서는 재림(강림)을 이야기할 때 산 자나 죽은 자 모두 신자들의 부활의 영광에 참여하게 될 것을 강조했다면, 오늘 본문에서는 '선악 간에 심판하시는 최후 심판의 날'이라는 관점에서 재림의 의미를 강조합니다. 7절 하반절을 보겠습니다.

> 주 예수께서 자기의 능력의 천사들과 함께 하늘로부터 불꽃 가운데에 나타나실 때에 (7절b)

무주공산(無主空山)인 줄 알고 자행자지(自行自止)하는 인간들 가운데, 역사의 막을 제치고 영광 중에 주님이 천사들과 함께 나타나실 것입니다. 초림하셨을 때의 주님과 달리 재림의 주님은 영광스러운 승리의 주로 임하실 것을 보여 줍니다. 능력의 천사들이 그를 옹위할 것이고, 하늘로부터 불꽃 가운데 강림하실 것입니다. 그 누구도 그분의 임재를 피할 수 없습니다.

그러나 그분의 강림이 모두에게 반갑고 기쁜 일이 되지는 않을 것입니다. 바울은 두 종류의 사람들을 우리에게 소개합니다. 첫째는 불신자들입니다. 8-9절의 말씀입니다.

> 하나님을 모르는 자들과 우리 주 예수의 복음에 복종하지 않는 자들에게 형벌을 내리시리니 이런 자들은 주의 얼굴과 그의 힘의 영광을 떠나 영원한 멸망의 형벌을 받으리로다 (8-9절)

바울은 불신자들을 향해 '하나님을 모르는 자들'이라고 합니다. 하나님을 하나님으로 인정하지도 청종하지도 않고, 사랑하지 않고 경배하지 않으며 거역하던 자들이라는 의미입니다. 또 그들은 주 예수의 복음을 듣고도 청종하지 않고 거역한 자들입니다. 복음이 온 천하에 선포되어 "믿으라, 믿으라" 해도 끝까지 거부하고 이념이나 돈, 사람을 신으로 삼고 살다가 인생을 마친 자들입니다. 그렇게 하나님을 인정하지 않고 복음을 거역하면서,

신자들을 싫어하고 박해하는 일도 서슴지 않았던 것입니다. 그런 자들에게는 하나님의 공의에 따라 형벌이 주어질 것입니다.

우리는 불신자들이 받게 되는 형벌에 대해 주목해 볼 필요가 있습니다. 9절에 의하면 "이런 자들은 주의 얼굴과 그의 힘의 영광을 떠나 영원한 멸망의 형벌을 받으리로다"라고 했습니다. 불신자들이 누리게 되는 형벌은 주님의 얼굴과 주님의 힘의 영광을 떠나는 것, 즉 그 얼굴과 힘의 영광으로부터 제거되는 것을 가리킵니다. '어차피 세상에서 하나님을 인정하지 않고 제 멋대로 살았고, 자기 힘에 의지하고 우리끼리 의지하여 산다고 생각하던 불신자들에게 과연 이것을 벌이라고 할 수 있는가?'라고 하는 의문이 생길지도 모릅니다. 하지만 그들이 인정하든 하지 않든간에 이 세상에서 사는 동안 우리 모든 사람들은 하나님의 호의, 즉 일반 은혜를 누리고 삽니다. 먹고, 마시고, 건강이나 성취, 예술활동이나 모든 선한 것들이 하나님의 호의에서 주어지는 선물입니다. 신자만 아니라 불신자도 이것을 누립니다. 하지만 최후 심판 후에는 이런 하나님의 일반적인 호의조차도 모두 거두어집니다. 지옥이 끔찍한 이유는 하나님께서 임재를 거부하실 뿐만 아니라, 하나님의 호의조차 다 거두어 버리신다는 데 있습니다. 누가복음 16장 19절 이하에 있는 부자와 나사로 비유 가운데, 음부의 고통하는 곳에 간 부자가 이 지옥의 본질을 잘 보여 줍니다. 혀를 시원하게 할 물 한 방울조차도 거절되는 곳이 바로 악인들이 거할 처소입니다. 그 어떠한 하나님의 호의와 사랑도 주어지지 않는 곳입니다.

그리고 이러한 형벌이 더 끔찍한 것은 그 기간이 일시적이지 않고 영원하다는 데 있습니다. 9절 하반절을 보면 "영원한 멸망의 형벌을 받으리라"라고 했습니다. 소위 영원한 형벌(eternal punishment) 교리입니다. 어떤 이들은 영원한 멸망이라는 단어에 주목해서 심판 후에 악인들은 멸절되고 만다는 주장을 합니다. 심지어 존 스토트마저도 그런 해석을 합니다. 스토트는 이 본문을 해설하면서 악인들이 하나님 없이 존재하게 될 뿐 아니라 "인간이라는 그들의 진정한 신분으로부터도 소외될" 것이라고 말한 후에 "그들의 인성은 성취되거나 영화로워지는 대신 수축되고 오그라들어 멸망해 버릴 것"이며, "그리스도의 영광으로 빛나는 대신 그들의 빛은 바깥 어둠 속에서 꺼져 버리고 말 것"이라고 말합니다.[40] 그러나 존재가 소멸되는 것은 결코 형벌이라고 할 수 없습니다. 박형룡 박사는 다음과 같이 말합니다.

> 또 사람이 생의 권태를 느낄 때에 혹은 양심에 가책을 당할 때에 실존과 의식의 절멸을 지원하게 되는 때도 도리어 흔한 것이다. 악자에게 이같은 형벌은 도리어 행복일 것이다.[41]

오히려 '영원한 멸망'이라는 이 용어는 신약 사전이 설명하는 대로 "영원한 파멸, 하나님과의 교제의 끝없는 상실로 이루어진 파멸을 뜻하며 이는 동시에 끝없는 고뇌, 혹은 고통의 상태"라고 이해하는 것이 옳습니다.[42] 우리는 불신앙의 영원한 결과가 무엇인지 잊어서는 안 됩니다. 하나님의 임재에서 영원히 떠나고, 그분의 모든 선하심에서 배제된 고통과 비참, 그 자체의 영원한 삶이라는 사실을 말입니다.

반면 환난 중에 참고 견디고 믿음과 사랑에 풍성한 데살로니가 신자들에게는 그날에 어떤 상급이 주어질까요? 앞서 7절에 있는 대로 우리는 "안식"을 받게 될 것입니다. 성도들이 최후 심판을 통해 무엇을 받게 될 것인지에 대해 벨직신앙고백서(1561) 제37조의 뒷부분을 소개하겠습니다.

> 그리고 당연히 이러한 심판에 대해 기억하는 것은 사악하고 불경건한 자들에게는 끔찍스럽고 공포스러운것이지만(계 6:15, 16; 히 9:27), 경건하고 선택된 자들에게는 크게 소망하는 바가 되고 큰 위로가 될 것이다. 왜냐하면 그때에 그들의 완전한 구속(rédemption totale)이 이루어지게 되며, 그들이 감수해야 했던 모든 노고와 수고의 열매들을 받게 될 것이기 때문이다(눅 22:28; 요일 3:2; 4:17; 계 14:7; 살후 1:5, 7; 눅 14:14). 그들의 무죄함은 모든 이들 앞에 알려지게 될 것이며, 이 세상에서 그들을 박해하고, 압제하고, 그리

고 고문했던 그 사악한 자들 위에 하나님이 집행하실 끔찍스러운 보복을 보게 될 것이다(단 7:26; 마 25:46; 살후 1:6-8; 말 4:3). … 그러나 반대로 신실한 택자들은 영광과 명예로 면류관을 쓰임 받게 될 것이다(마 25:34; 13:43). 하나님의 아들은 그의 아버지 하나님과 그의 택한 천사들 앞에서 그들의 이름을 인정하실 것이며(마 10:32), 그들의 눈에서 모든 눈물을 씻어 주실 것이며(사 25:8; 계 21:4), 그리고 지금은 많은 재판관들과 위정자들에 의해서 이단적이고 악독하다고 정죄당하고 있는 그들의 대의명분(leur cause)이 그때에는 하나님의 아들의 대의명분임이 알려지게 될 것이다(사 46:5). 또한 주님께서는 은혜로운 보상으로서 사람이 마음으로 결코 생각도 할 수 없었던 그러한 영광을 그들로 하여금 소유하게 하실 것이다(사 54:4; 고전 2:9).[43]

그리고 10절은 "그날에 그가 강림하사 그의 성도들에게서 영광을 받으시고 모든 믿는 자들에게서 놀랍게 여김을 얻으시리니 이는 우리의 증거가 너희에게 믿어졌음이라"라고 말씀합니다. 주님의 재림의 날은 삼위일체 하나님의 구원 사역이 완성되는 날이기도 하기에, 구속의 목적이 이루어지는 날입니다. 즉, 삼위 하나님이 영광을 받으시는 날입니다. 바울은 주님의 재림의 날에 성도들에게서 영광을 받으신다고 표현했는데, 이 문장은 원문에 따라 주의해서 읽어야 합니다. 이것은 우리가 구원하신 은혜에 감사하여 영광을 돌려드리는 것을 의미할 뿐 아니라 "우리는 그분과 같은 모습으로 변형되는데, 이전과는 근본적으로 전혀 다른 모습으로, 또한 영원히 지속될 모습으로 변화되어… 그분의 영광이 우리 안에서 보일 것이고, 실로 그리스도가 그분의 아버지의 영광으로 빛났던 것처럼 우리도 그리스도의 영광으로 영원히 빛날 것"이라는 의미입니다.[44]

현재를 위한 바울의 기도(10–12)

마지막으로 살펴볼 세 번째 부분은 10–12절로 바울의 기도문입니다. 사도 바울은 데살로니가 신자들을 기다리고 있는 미래의 영광에 대해서 말함으로써 위로하고 격려한 후에, 이제 다시 고난과 환난 중에 있는 현재의 성도들을 위하여 기도하고 있습니다. 마라나타의 신앙을 가진 자들은 재림의 소망에 근거하여 힘을 얻고 용기를 얻습니다. 그리고 현재의 삶 속에서 인내하며 맡겨진 사명을 감당하는 데 충실합니다. 이러한 성도들을 위해 바울은 세 가지의 기도 제목을 소개해 줍니다. 11절을 시작하면서 바울은 "이러므로 우리도 항상 너희를 위하여 기도함은"이라고 했습니다. 바울은 항상 데살로니가 교인들을 기억하고 그들을 위하여 기도한다고 말합니다. 이것은 목회자의 마땅히 할 일이 기도 합니다.

세부적인 내용을 살펴보면, 첫째 "우리 하나님이 너희를 그 부르심에 합당한 자로 여겨 달라"라는 것입니다. 하나님의 부르심은 죽은 자들에게 임하여 살려 내시는 주권적인 부르심입니다. 따라서 부르심 자체는 오직 하나님의 은혜이기에, 인간 마음대로 부르거나 부르심을 받을 수가 없습니다. 그러나 부르심 받은 자들에게는 마땅히 부르심에 합당하게 시민 노릇을 해야 할 사명이 주어집니다. 바울은 데살로니가 성도들이 하나님의 부르심의 목적을 이루기 위하여 더욱 은혜를 힘입도록 기도해 주고 있습니다. 우리도 마찬가지입니다. 부르심 받은 자라면 하나님의 부르심에 합당한 자로 살 수 있도록 기도해야 합니다. 교회로 부름받았으면 세상의 빛과 소금이 되기 위해서 기도해야 합니다. 그리고 그렇게 되도록 분투노력해야 합니다.

둘째 기도 제목은 "모든 선을 기뻐함과 믿음의 역사를 능력으로 이루게" 해 달라는 것입니다(11절b). 헬라어 원문은 "모든 선량한 목적과 모든 믿음의 행위"로 번역됩니다.[45] ESV는 "그의 능력으로 모든 선한 결심과 모든 믿음의 일을 이루게 하소서"라고 번역해 줍니다. 우리가 선한 목적을 실행하거나 믿는 바를 실천하는 것은 우리 인간의 힘으로 불가능하기 때문에 바울은 하나님의 능력으로 이렇게 하게 해 달라고 기도하는 것입니다. 우리가 선을 기뻐하고, 믿음을 가지되, 선한 열매를 맺는 데로 나아가기 위해서는 하나님의 전적인 도우심이 필요합니다. 빌립보서 2장

13절의 표현대로 말하자면 우리 "안에서 행하시는 이는 하나님이시니 자기의 기쁘신 뜻을 위하여 (우리)에게 소원을 두고 행하게 하시"는 것입니다. 초신자들도 그렇지만 오래 믿은 신자들도 다르지 않습니다. 에드워즈의 표현대로 촛불을 꺼 버리면 방 안에서 빛이 사라지듯이, 은혜의 역사가 멈추면 우리 가운데 선을 행할 능력도 사라집니다. 우리는 늘 하나님의 능력을 의지해야 합니다.

마지막 세 번째 기도 제목은 바울의 궁극적인 목적을 밝히 보여 주는 말씀입니다. 12절을 읽습니다. "우리 하나님과 주 예수 그리스도의 은혜대로 우리 주 예수 그리스도의 이름이 너희 가운데서 영광을 받으시고 너희도 그 안에서 영광을 받게 하려 함이라." 바울은 은혜가 필요하다고 말합니다. 그런데 그 은혜가 왜 필요한지에 관하여 소위 이중적 영화(double glorification)를 말합니다.[46] 은혜로 주 예수 그리스도의 이름이 우리 성도들 가운데서 영광을 받으심과 우리가 그리스도 안에서 영광을 받게 되는 것, 이중 영화를 말하는 것입니다. 우리는 부르심에 합당한 자로 살고, 모든 선을 기뻐하고, 믿음의 열매를 맺는 삶을 통해 예수 그리스도를 영화롭게 할 수가 있습니다. 그러나 거기에서 멈추지 않고 바울은 이중적인 영화(double glorification)를 말합니다. 우리 안에서 그리스도가 영화롭게 되고, 그리스도 안에서 우리가 영화롭게 되는 것을 말합니다. 이는 그리스도와 신자의 신비적 연합 때문에 가능한 것이고, 우리가 그리스도의 몸에 속했기 때문에 가능한 차원입니다. 이러한 이중적 영화는 미래에 완성될 것이지만, 현재 이 지상의 삶 가운데서도 선취되고 맛보아질 수 있다는 것을 우리는 잊지 않고 기억하면서 바울처럼 기도해야 합니다. "주님은 우리 안에서 영광을 받으시게 되고, 우리는 주님 안에서 영화롭게 되게 하옵소서"라고 말입니다.

말씀을 정리하도록 하겠습니다. 우리는 데살로니가 교회에 보낸 두 번째 편지의 첫 장을 함께 상고했습니다. 바울은 먼저 현재까지 이루어진 은혜의 역사에 대해 하나님께 감사드립니다. 그 간에도 성도들의 믿음이 자라고, 사랑이 풍성해지고, 환난 중에도 견디고 인내하고 있는 것에 대해 감사드립니다. 이는 하나님의 전적인 은혜의 역사이기 때문입니다. 바울은 동시에 성도들을 칭찬하고 격려해 줍니다. 그들은 단순히 열이 전달되는 무생물체도 아니고, 아바타 같은 것도 아니고, 살아 있는 인격체들로서 주님의 은혜를 힘입어 믿음, 사랑, 소망의 인내를 체현하는 일에 동참하고 있기 때문입니다. 우리도 하나님의 은혜의 역사를 보며 하나님께 영광을 돌려 드리고 당사자들을 존귀히 여기며 칭찬하고 격려해 주는 것이 필요합니다.

두 번째 부분은 현재 환난 중에 있는 신자들을 위하여 기다리고 있는 미래를 들어 소망을 풍성하게 하고 위로를 주는 것을 보았습니다. 이는 장래 심판자로 오시는 예수 그리스도의 재림과 관련된 말씀입니다. 그날에 최후 심판이 있을 것이고, 하나님의 공의가 온전하게 드러나고 시행될 것입니다. 현재는 환난을 받고 있는 성도들이 그날에는 안식으로 갚음을 받을 것이고, 현재 하나님을 거역하고 복음을 거절하며, 신자들을 박해하는 자들은 환난으로, 그리고 주의 얼굴과 그 힘의 영광을 떠나 영원한 멸망을 당하게 될 것입니다. 하나님의 공의로운 심판이 시행될 것입니다. 지상에서 살아가면서 온갖 부조리와 악 때문에 고통하는 이들에게 이 마지막 심판날이 한 점의 의혹이나 억울함도 없이 밝혀지고 풀어지는 날이 될 것입니다. 따라서 우리도 그날을 대망해야 합니다. 바울은 신자들을 위해 그날에 주실 선물을 "우리를 통해 영광을 받게 되실 날"이라며 독특하게 표현했습니다. 변화되어 그리스도를 닮은 우리를 통해 영광을 받으시고, 영광을 드러내실 것입니다. 이것이 신자들을 기다리고 있는 최고의 영광입니다.

세 번째로 바울은 재림의 소망으로 위로와 격려 후에 현재 고난 중에 있는 그들을 위하여 세 가지 기도를 해 주고 있다고 밝힙니다. 부르심에 합당한 자가 되게 하실 것과 선한 목적과 믿음의 역사를 능력으로 이루는 삶을 살게 해 달라는 것입니다. 재림의 소망을 가지고 단순히 마라나타만 노래하고 있는 것이 아니라 하나님의 부르심에 합당하게 사는 삶, 하나님이 기뻐하는 선한 뜻을 이루고, 믿음의 역사를 이루어 가는 삶을 살기를 추구해야 한다는 말입니다. 이것은 우리에게도 대단히 중요한 기도 제목들입니다. 바울의 세 번째 기도 제목 또한 잘 기억해야 합니다. 이 중적인 영화에 대한 기도, "예수 그리스도의 이름이 우리 안에서 영광을 받으시고, 우리도 그 안에서 영화롭게 되기를 구하는 것" 말입니다. 우리는 "구원이란 무엇인가? 구원의 궁극적인 목적이 무엇인가?"를 영화라는 관점에서 늘 생각하는 신자들이 되어야 합니다.

10 재림의 전조- 대배교와 불법의 사람

살후 2:1-12

어느 시대나 자연 재해나 전쟁과 사회 혼란이 가중화되면 종말론 신드롬이 일어나기 마련입니다. 이는 단순히 어느 특정한 시대의 문제만은 아닙니다. 최근에도 부쩍 종말론 관련 유투버들이 호황을 누리고 있듯이, 시대마다 "지금이 마지막 때이다"라고 주장하는 과격분자들이 존재했습니다. 중세 말이나 종교 개혁 때도 그러했고, 초대 교회 상황에서도 그러했습니다. 그만큼 사람의 인식 능력은 제한되어 있기 때문에 조금만 특이한 일들이 연이어 발생해도 '세상이 곧 끝나는 것 아닌가' 하고 그릇된 종말론에 빠져들곤 하는 것입니다. 그리고 다른 면에서 건전한 목회자나 신자들 중에도 종말에 관한 성경 구절을 잘못 이해해서 시한부 종말론에 빠지는 예들이 많습니다. 심지어 한국 장로교회의 첫 목사 중 한 분인 길선주 목사님도 거듭거듭 재림의 때를 예언했으나 실패하고 말았습니다. 이번 장에서 본문을 보면 이와 같은 종말론적인 혼란상은 1900년 전 데살로니가 교인들 가운데도 발생했다는 것을 알 수 있습니다.

2장 1-12절을 보니 바울은 상당히 화들짝 놀라서 경계의 목소리로 말하는 느낌이 듭니다. 그리고 주님의 재림의 날과 관련하여 먼저 일어나야 할 배교와 불법의 사람의 출현에 대해서 잘 설명해 주고 있습니다. 종말론을 다루다 보면 재림과 관련하여 재림 전에 일어날 일들(시대의 표적들)에 대한 논의가 한참 이어집니다. 복음이 땅 끝까지 전파될 것이고, 유대인들에게 복음이 전해지는 문제, 이후 대배교와 대환난, 그리고 적그리스도에 대해서도 다룹니다. 오늘 바울이 3절에서 "불법의 사람 곧 멸망의 아들"이라고 지칭한 것이 바로 적그리스도(Anti-Christ)를 말합니다. 그리고 여러 가지 자연 재앙들에 대해서도 징조로 다룹니다. 이번 장에서는 대배교와 적그리스도에 대해 집중하여 살펴보겠습니다.

재림에 대한 그릇된 가르침(1-2)

먼저 1-2절에 있는 말씀을 살펴보겠습니다. 1-2절은 데살로니가 교인들 가운데 큰 혼란이 일어난 것을 보여 줍니다. 바울은 말합니다.

형제들아 우리가 너희에게 구하는 것은 우리 주 예수 그리스도의 강림하심과 우리가 그 앞에 모임에 관하여 영으로나 또는 말로나 또는 우리에게서 받았다 하는 편지로나 주의 날이 이르렀다고 해서 쉽게 마음이 흔들리거나 두려워하거나 하지 말아야 한다는 것이라 (1-2절)

본문에 의하면 당시에 주의 날이 이미 이르렀다고 가르치는 이들이 등장하면서 사람들의 마음이 흔들리고 두려움에 빠지게 했다는 것을 알 수 있습니다. 2절에서는 그런 주장을 소개하는 의미에서 "주의 날이 이르렀다"라고 했지만, 바울이 데살로니가전서 4–5장에서나 데살로니가후서 1장에서 가르쳤던 것은 그리스도의 강림하심, 즉 하늘로부터 영광 중에 재림하심과 그 앞에 우리 모두가 모임에 대한 것입니다. 바울은 그날이 아직 임한 것이 아니라고 분명히 선언합니다.

주의 날이 이미 이르렀다는 주장을 하는 이들이 누구인지는 알 수가 없지만, 그들이 그런 주장을 하는 근거가 무엇인지를 바울은 밝힙니다. '영'으로나 '말'로나, 또는 '우리에게서 받았다 하는 편지' 세 가지를 말해 줍니다. '영으로'는 성령의 감동을 받아서 그렇게 알게 되었다고 주장하는 것입니다. 마치 1992년 휴거설을 유포한 이아무개 씨가 예수님도 모르던 것을 승천하신 후 하나님 아버지께 물어보고 말세의 사랑하는 자녀들에게 꿈으로 알려 주셨다고 하는 방식입니다. 오늘날도 성경에 없는 이야기를 하면서 성령의 감동을 특별히 받아서 환상을 보거나 예언을 하는 것이라고 하는 이들이 있습니다. 말만 가지고서 그렇게 받았다고 설교하거나 가르치는 것입니다. 심지어는 이런 이단들 가운데는 바울의 편지를 근거로 내세우기까지 했습니다. 이것은 하나님의 나라가 이미 우리 심령에 시작되었다고 하는 바울의 말을 오해한 데서 기초했을 수도 있습니다(롬 14:17). 그러나 그보다 거짓으로 꾸며 낸 이야기일 가능성이 훨씬 큽니다. 바울을 빙지하여 자기들이 하고 싶은 말을 한 것입니다.

아무튼 이렇게 주의 날이 이미 이르렀다는 주장을 하는 이들이 나타나서 데살로니가 교인들을 헷갈리게 만들었습니다. 현대에도 여호와의 증인들은 "그리스도는 실제로 1914년 10월 1일에 오셨으나 눈에 보이지는 않게 오셨다"라고 주장하고 있습니다. 그런데 이런 일은 이미 바울 당시에도 있었습니다. 부활은 이미 지나갔다고 주장하는 후메네오와 빌레도 같은 사람들이 있어서 교인들의 믿음을 무너뜨리는 일이 발생했습니다(딤후 2:17-18). 오늘날도 자유주의적인 신앙을 가진 이들 가운데는 장차 임할 재림과 그 앞에 모임에 대한 기대를 다 저버리고 현재에만 충실할 것을 주장하는 이들이 있고, 여러 이단들 가운데는 이미 자신들 가운데 천국이 임하였다고 주장하는 이들도 있습니다. 데살로니가 교인들처럼 믿은 지 얼마 되지 않은 순전한 상태에 있는 이들은 이런 그럴듯한 교훈을 듣게 되면 바울이 경계한 대로 쉽게 마음에 흔들리거나 두려워하게 됩니다. '흔들리다'는 "폭풍우의 압

력에 의해 정박한 곳에서 억지로 밀려나고 있는 배"를 가리킬 때 쓰는 단어로 "너희 확신이나 침착함이 흔들린다"라는 의미입니다. 그리고 '두려워하는 것'은 계속되는 불안한 상태, 계속되는 신경 과민 상태를 가리킵니다.[47]

먼저 배교와 불법의 사람의 등장할 것이다(3–5)

바울은 사랑하는 데살로니가 교인들이 그러한 거짓 교훈에 의해서 흔들리고 불안에 빠지는 것을 용납할 수 없었습니다. 그래서 잘못된 가르침에 대한 처방으로서 바른 가르침, 영감받은 하나님의 말씀을 전해 줍니다. 3절을 다시 보겠습니다.

> 누가 어떻게 하여도 너희가 미혹되지 말라. 먼저 배교하는 일이 있고 저 불법의 사람 곧 멸망의 아들이 나타나기 전에는 그날이 이르지 아니하리니 (3절)

바울은 주님의 날, 즉 재림의 때가 오기 전에 먼저 일어날 일들에 대해서 명시적으로 알려 줍니다. 어떤 말로 미혹하여도 미혹에 빠지지 말 것은 주님이 오시기 전에 먼저 배교가 있고, 또한 불법의 사람 혹은 멸망의 아들이 와야 한다는 것입니다. 배교(apostasy)라는 것은 믿던 자들이 하나님께 대하여 반항하고 반역하는 것을 가리킵니다. 혹은 하나님의 다스림과 권위에 반역하는 것입니다. 예수님께서도 마지막 때에 세계적인 대배교가 일어날 것에 대해서 이미 예고한 적이 있습니다. 코로나19로 인해 대면 예배가 힘들어지다 보니, 참 많은 이들이 교회만 나오지 않는 정도가 아니라 있던 믿음조차 사라진 것처럼 보인 이들이 많았습니다. 아마도 이 사태가 장기화되면 많은 이들이 교회를 떠날 가능성이 다분했습니다. 그만큼 신자들의 믿음이 참되지 않었거나 견고하기 못했기 때문입니다. 하지만 마지막 환난의 때가 오면 상상할 수 없을 만큼 대배교가 전세계적으로 일어나게 될 것을 성경은 예고하고 있습니다. 바울이 디모데후서 3장 1–5절에서 열거하고 있는 말세에 고통하는 때의 특징들을 보기를 바랍니다. 그리고 예수님도 자신이 다시 재림할 때에 "세상에서 믿음을 보겠느냐"(눅 18:8)라고 경고하시거나 "불법이 성함으로 많은 사람의 사랑이 식어지리라"라고 경고하셨다는 것을 기억해야 합니다.

그리고 이 장의 본문에서 바울이 자세하게 설명해 주듯이 그러한 대환난과 대배교가 그저 자연 발생적으로 일어나는 것이 아닙니다. 그리스도와 그리스도인들을 대항하여 역사하는 적그리스도가 등장할 것입니다. 요한일서에서는 적그리스도라는 표현을 썼지만, 바울은 불법의 사람, 멸망의 아들이라는 표현을 썼습니다. ESV에 의하면 "불법(또는 죄)의 사람, 파멸의 자식(= 멸망의 자식)"이라고 번역했습니다. 7절에 의하면 이미 그 불법의 비밀이 활동하고 있다고 말하는데, 바울 당시대에도 그런 악의 세력은 역사하고 있었습니다. 그리고 5절에서는 "내가 너희와 함께 있을 때에 이 일을 너희에게 말한 것을 기억하지 못하느냐"라고 말하고 있는 것을 보면, 편지에서는 쓰지 않은 좀 더 정체를 밝히는 이야기를 실제 가르침을 통해 전한 바가 있다는 것입니다. 우리로서는 참 안타까운 일입니다. 데살로니가 교인들은 직접 바울에게서 들은 바가 있는데, 우리는 듣지 못했으니 말입니다. 그러므로 본문을 주의해서 살펴봄으로 이 불법의 사람의 정체와 활동에 대해서 정리해 볼 수밖에 없습니다.

바울의 표현하는 바를 주목해서 보면 바울은 적그리스도에 대해 적어도 세 가지 용어로 표현하고 있습니다. 먼저는 '불법의 사람'입니다. 하나님의 거룩한 의지의 표현이 법이고, 여기에는 자연법도 있고 성문법도 있습니다. 특히 성경 말씀이 하나님의 율법입니다. 그런데 그러한 하나님의 뜻과 의지를 거부하고 깨트리기 위해 힘쓰는 존재가 바로 불법의 사람인 것입니다. 이는 우리의 믿는 신앙만 공격하는 것이 아니라 하나님이 세우신 자연이나 본성의 법칙조차도 여지없이 깨트려 버립니다. 오늘날 한국에서도 진행되고 있는 각종 반기독교적인 운동이나 법 제정 등을 유의해 본다면 '이러한 역사가 이미 시작되고 있는 것은 아닌가' 하는 우려를 가지게 됩니다. 또한 바울은 그를 일컬어 '멸망의 아들'이라고 했습니다. 이는 히브리어 관용어법으로 '파멸할 운명을 가진 자'라는 의미입니다. 그가 등장하여 온 세상을 미혹하고 믿는 자들을 박해하는 일을 주도할 수 있지만, 결국은 그리스도에 의해 멸망하도록 작정되어 있음을 기억하는 것은 대단히 위로가 됩니다.

세 번째로 이 불법의 사람은 4절에 의하면 "대적하는 자"입니다.

> 그는 대적하는 자라 신이라고 불리는 모든 것과 숭배함을 받는 것에 대항하여 그 위에 자기를 높이고 하나님의 성전에 앉아 자기를 하나님이라고 내세우느니라 (4절)

이 말씀은 그가 얼마나 대적하여 자신을 높이는지를 보여 줍니다. 소위 신이라고 불리는 모든 것이나 숭배받는 어떤 것이든지 그 모든 것 위에 자기를 높입니다. 세상에 온갖 잡다한 신들이든지, 신이라고 불리는 존재들 위에 자기를 높힐 정도로 위세를 가지게 될 것입니다. 그래서 심지어는 누구까지 대적하느냐 하면, 우리의 살아 계신 삼위일체 하나님마저도 대적하고 대항하게 될 것입니다. 4절 하반절에 "하나님의 성전에 앉아 자기를 하나님이라고 내세우느니라"라고 하는 말씀은 해석하기에 무척이나 난해한 구절입니다. 세대주의자들은 미래의 7년 대환난이 있고, 그때 유대인들이 예루살렘에 성전을 재건축하고 나면, 그 성전에 자기가 앉아서 자신을 신이라고 칭하며 경배하게 할 것이라고 문자적 해석을 합니다. 그러나 이것은 우리 개혁주의적인 해석이 아닙니다. 왜냐하면 주님의 재림은 공중에 한 번, 지상에 또 한 번 있고, 그 사이에 7년 대환난이 있다는 가르침은 성경적으로 근거가 없기 때문입니다. 7년 대환난이 시작하기 전에 교회는 공중에 비밀 휴거한다는 것도 성경에 없는 말입니다. 교회도 말세의 대환난을 피할 수 없음을 기억해야 합니다.

물론 이 본문은 역사적인 전례를 가지고 있는 본문이라는 점을 우리는 기억해야 합니다. 일단 주전 169년에 시리아 왕 안티오쿠스 에피파네스가 지성소에 들어가고, 168년에는 그 번제단 위에 제우스 신상을 세우고 돼지를 희생 제물로 바침으로써 하나님의 전을 더럽힌 적이 있습니다. 주후 63년 폼페이우스 장군도 지성소에 들어감으로 성전을 더럽혔습니다. 주후 40년 로마 황제 칼리굴라는 자기 입상을 성전에 세우려다가 반대에 부딪혀 포기한 적이 있습니다. 소위 이런 역사적인 사례들을 생각해 보면 감히 하나님의 성전에 자기가 앉아서 자신을 신이라고 높힌다고 하는 것이 어떤 것을 말하는지 알 수 있습니다. 하지만 바울이 예고하는 것은 미래사입니다. 그리고 예루살렘 성전이 문자적으로 재건되고, 그 성전 안에 또 다시 어떤 강력한 적그리스도가 들어가 앉는다고 해석할 수 없습니다. 이것은 그렇게 외형적인 앉음의 문제가 아니라, 하워드 마샬(Howard Marshall, 1934-2015)이 해석해 준대로 "어떤 특정한 성전을 염두에 둔 것은 아니지만, 성전에 앉아 하나님이라고 주장한다는 표현이 하나님에 대한 악의 대적을 나타내기 위해 사용"된 것으로 이해하고, 스토트가 말한 것처럼 성전에 앉는다는 것은 건물의 문제가 아니라 "교만과 심지어 신성모독의 상징"으로 생각하는 것이 적절합니다.[48]

종합해 보면 불법의 사람 혹은 멸망의 아들은 적그리스도에 대한 다른 표현들인데, 하나님을 대적하고 하나님이 세우신 모든 법을 깨트리는 자를 가리킵니다. 이러한 성격의 적그리스도는 초대 교회 때 황제들을 통해서 성취되기도 했고, 종교 개혁자들이 해석한 대로 일면 교황제나 교황을 통해서 성취되기도 했습니다. 존 스토트의 글을 인용해 봅니다.

> 그러나 이 모든 것은 수십 세기에 걸쳐 나타난 다른 악한 지도자들과 함께 최종적으로 나타날 불법의 사람 곧 종말론적이지만 또한 역사적인 인물, 불법과 불경함의 결정적인 표현, 궁극적인 반역의 지도자, 재림의 신호의 선봉이 될 그 사람의 선구자 또는 선제 해동이 되어 왔다.[49]

그러나 바울이 예언하고 있는 그 마지막 불법의 사람, 적그리스도는 아직 오지 않았습니다. 그는 그리스도의 재림 전에 나타날 것입니다.

현재 불법의 비밀이 역사하고 있으나 장차 불법한 자가 나타날 것이다 (6–12)

이제 6절 이하를 보도록 하겠습니다. 장차 불법의 사람이 나타날 것이라고 말한 후에 바울은 바로 지금 어떤 일이 일어나고 있는가에 대해서 말해 줍니다. 6절과 7절입니다.

> 너희는 지금 그로 하여금 그의 때에 나타나게 하려 하여 막는 것이 있는 것을 아나니 불법의 비밀이 이미 활동하였으나 지금은 그것을 막는 자가 있어 그 중에서 옮겨질 때까지 하리라 (6-7절)

어떻습니까? 바울의 말이 참 이해하기 어렵지 않습니까? 5절의 말씀대로 바울은 이미 데살로니가 교인들과 함께 있을 때에 구체적으로 이야기해 준 적이 있기 때문에 그들은 어렵지 않았겠지만, 우리는 이해하기가 어렵습니다. 불법의 비밀이 현재 역사하고 있으나 막는 자가 있습니다. 그러나 막는 자가 옮겨지는 날이 오고 그러고 나면 불법의 사람이 나타나서 역사할 것입니다. 불법의 비밀의 현재도 역사하고 있습니다. 다만 억제하는 자가 또한 있어서 최종적인 불법의 사람이 나타나지 못하고 있다는 것입니다. 도대체 막는 자는 무엇을 의미할까요? 솔직히 아우구스티누스처럼 우리는 그게 무엇인지 모르겠다고 대답하는 것이 속 편할지도 모릅니다.[50] 킴 리들바거(Kim Riddlebarger)의 『적그리스도의 비밀을 파헤치다』(*The Man of Sin: Uncovering the Truth about the Antichrist*)라는 책이 있습니다. 리들바거는 막는 자에 대한 네 가지 해석을 소개해 줍니다. 1) 유대 공동체 연합 또는 로마 제국, 2) 복음 선포, 3) 성령, 4) 요한계시록의 천사, 하나님의 섭리 혹은 복음 선포 등.[51]

이러한 해석들 가운데 막는 자를 법치 국가였던 로마나 정부의 권세로 이해하는 해석이 많은 지지를 받았습니다. 박해 시기에 살았던 테르툴리아누스 같은 교부조차도 막는 자를 로마 정부로 보았습니다. "법과 질서, 공공의 평안과 정의의 수호자 역할을 하는 모든 국가"는 이러한 불법의 사람이 역사하지 못하도록 막는 역할을 합니다. 정부는 로마서 13장의 역할을 수행할 수도 있고, 요한계시록 13장의 짐승에 비유되는 역할을 수행할 수도 있습니다. 그러나 정상적인 정부는 하나님이 쓰시는 일반은총적인 도구입니다. 악을 통제하고, 선을 권장하는 역할을 할 수 있습니다. 바울의 말처럼 불법의 비밀은 어느 시대에나 역사하고 있습니다. 이 부분에 있어서 저는 존 스토트의 정리한 내용을 동의하며 인용합니다.[52]

불법한 자가 공개적으로 나타나기 전에 "반 사회적이고 반 규범적이며 반 하나님적인 운동은 현재 주로 비밀리에 이루어지고" 있고, 우리는 "그것의 파괴적인 영향력을 탐지할 수 있습니다."
세속 인본주의의 무신론적인 입장에서, 극단적인 좌익과 우익 이데올로기의 전체주의적 경향에서, 물질을 하나님으로 삼는 소비 사회의 물질주의에서, 하나님은 죽었으며 도덕적 절대성이 종언을 고했다고 선언하는 소위 신학들에서, 인간의 생명, 성, 결혼과 가정 등 하나님이 창조하시거나 제정하신 모든 것의 존엄성을 경시하는 사회적 허용성에서 우리는 불법의 비밀이 역사하고 있는 것을 볼 수가 있습니다.[53]

존 스토트가 1991년 영국에서 출간한 책에서 한 이야기들인데, 어떻습니까? 30년 뒤를 살아가고 있는 우리 한국의 현실 같지 않습니까? 아무튼 이러한 불법의 비밀이 역사하고 있으나, 억제하고 막는 세력을 두시어, 즉 정의, 자유, 질서, 예절을 보존하는 그런 일반은총적 수단들을 통해서 막고 계시기에 아직 불법의 사람이 본격적으로 나타날 수 없다는 것입니다.

그러나 마지막 때가 올 것인데, 그리스도의 재림 전에 불법의 사람이 제 때에 나타날 것입니다. 8절 상반절입니다.

그때에 불법한 자가 나타나리니 (8절a)

그렇습니다. 불법의 비밀이나 불법한 사상이나 영향력 정도가 아닙니다. 분명히 인격적인 불법한 자가 나타날 것입니다. 그리스도가 나타나실 것처럼 불법한 자도 나타날 것입니다. 사람들이 보기에 위세를 가지고 나타날 것입니다. 바울에 의하면 반역이라는 것은 "역사의 무대 위에서 공개적으로, 눈에 보이게 일어날 것이며, 그것은 법의 통치, 정의의 시행, 참된 종교의 실행이 세계적으로 붕괴되는 것에서 나타나게 될 것"입니다.[54] 9절과 10절 상반절을 보면 "악한 자의 나타남은 사탄의 활동을 따라 모든 능력과 표적과 거짓 기적과 불의의 모든 속임으로 멸망하는 자들에게 있으리니"라고 했습니다. 적그리스도는 모든 속임수로 임합니다. 진리에 거스르는 거짓의 가르침으로 임합니다. 그러나 사탄의 활동을 따라, 즉 사탄의 에너지를 공급받아 임하고, 모든 능력, 표적, 거짓 기적을 행하면서 역사하기 때문에 많은 사람들이 미혹당할 수밖에 없다는 것입니다. 이것은 마술과 같은 눈속임 정도의 의미가 아닙니다. 하나님을 대적하는 사상을 믿고 따르도록 하기 위하여 많은 표적과 기사를 실제로 행할 것을 말해줍니다. 사탄도 어느 정도 한계 안에서 역사를 일으킨다는 점을 잊으면 안 됩니다. 오늘날 얼마나 많은 성령집회 또는 은사집회에서 진리는 짓밟으면서 이적 기사를 추구하고 있는지를 본다면 그 전조를 알 수 있습니다. 불법한 자가 나타나면 그런 것은 비교도 안 될 만큼 대단한 역사들이 있을 것입니다. 요한계시록 13장

13-14절도 동일한 내용을 예언하고 있습니다. 그렇게 하여 11절에 말씀한 대로 멸망하는 자들로 하여금 "거짓 것을 믿도록" 함으로 그 목적을 성취할 것이라는 것입니다.

이제 우리가 주목해야 할 두 가지 사실이 남아 있습니다. 일단은 이렇게 마지막 때에 불법한 자, 즉 적그리스도가 나타나서 기적과 표적을 행하면서 하나님과 진리를 대적하고 거짓 것을 믿도록 역사할 것인데, 이러한 일에 미혹당하는 자가 누구며 그 특징이 무엇이냐 하는 것이 첫 번째로 살펴볼 내용입니다. 10절을 다시 보면 "불의의 모든 속임으로 멸망하는 자들에게 있으리니 이는 그들이 진리의 사랑을 받지 아니하여 구원함을 받지 못함이라"라고 말씀하는 대로, 불의의 모든 속임이 누구에게 임하는가 하면 멸망하는 자들에게 임합니다. 그 멸망하는 자들은 "진리의 사랑을 받지 아니하여 구원함을 받지 못하는 자들"이라고 했는데, 좀 더 분명하게 번역하면 "그들이 진리 사랑하기를 거부하여 구원받지 못했기 때문"(because they refused to love the truth and so be saved- ESV)이라는 의미입니다. 진리를 사랑함으로 구원을 받는데, 진리 사랑하기를 거부하였으므로 구원받지 못하는 자들이 멸망하는 자들이라는 말입니다. 진리를 사랑하지 않는 자들이다 보니 결과적으로 하나님의 심판이 무엇인가 하면 "이러므로 하나님이 미혹의 역사를 그들에게 보내사 거짓 것을 믿게 하심은 진리를 믿지 않고 불의를 좋아하는 모든 자들로 하여금 심판을 받게 하려 하심이라"(11-12절)인 것입니다. 하나님께서는 불법한 자가 나타나 역사하도록 허락하신다는 것을 보여 줍니다. 그러한 강력한 역사를 왜 허락하는가 하면, 진리를 믿지 않고 불의를 좋아하는 모든 자들이 그러한 불법한 자의 미혹에 빠져서 거짓 것을 믿고 불의를 행함으로 결과적으로는 자신들의 정체와 본질이 무엇인지를 드러내게 되고 상응하는 심판을 받게 된다는 것입니다. 미혹에 빠져서 심판받는 과정에 대한 스토트의 해설은 적절합니다.

> 이는 지극히 엄숙한 가르침이다. 그것은 우리에게 아래로 미끄러져 내려가는 길은 악을 사랑하는 것으로 시작되며, 그다음에는 진리를 거부하고, 마귀의 속임수에 빠지며, 하나님이 내리신 천벌에 의해 마음이 완악해지고, 마지막에는 심판을 받는 것으로 이루어진다는 것을 보여 준다.[55]

그러므로 우리는 이러한 불법한 자의 등장에 대해서 두려워하거나 공포에 잠길 필요가 없습니다. 불신자들이 그러한 미혹에 빠져서 결과적으로 심판에 이르게 되는 과정이기 때문입니다. 도리어 우리 신자들이 경각심을 가져야 하는 것은 우리에게는 진리에 대한 사랑과 선에 대한 사랑이 있는가 하는 것입니다. 요란한 이적이나 기사보다 그리스도의 복음을 더 좋아하고 사랑하느냐 하는 것입니다. 우리는 믿음 생활 중에 하나님의 선한 능력을 경험하고 살 수 있습니다. 그러나 진리 또는 복음보다 능력, 체험, 은사를 앞세우면 미혹에 빠질 수 있습니다.

우리가 주목할 두 번째 사실은 그렇게 불법한 자가 제때에 나타나 표적과 기사를 행함으로 많은 사람들을 미혹케 하고 멸망에 이르게 하겠으나, 그에게 허락된 시간이 무척 짧다는 것입니다. 이것도 또한 우리 신자들에게는 위로가 되는 말씀입니다. 8절을 보겠습니다.

> 그때에 불법한 자가 나타나리니 주 예수께서 그 입의 기운으로 그를 죽이시고 강림하여 나타나심으로 폐하시리라 (8절)

불법한 자(적그리스도)의 때가 짧을 것이라는 것은 요한계시록의 말씀을 주의 깊게 연구해 보면 알 수 있습니다. 세대주의자들처럼 7년 대환난을 말하지도 않습니다. 지극히 짧을 것입니다. 한 때, 두 때, 그리고 반 때라고 표현하기도 하고, 3일 반(계 11:11)이라고 표현하기도 했습니다. 우리는 그 시간을 정확하게 알 수는 없지만, 선택받은 하나님의 백성들이 감당할 수 있도록 악한 자의 시간을 정하셨음은 분명합니다. 그리고 8절을 다시 보면 그렇게 불법한 자가 나타나고 큰 시간의 간격없이 예수님께서 강림하시고 나타나시어 그 입의 기운으로 그를 죽이고 폐하실 것입니다. 그리스도가 불법의 사람을 이기기 위해서 지루하고 대단한 우주적인 대전투를 치루어야 하는 것이 아닙니다. 그리스도의 입기운만으로 적그리스도는 패하고 망할 것입니다. 요한계시록 19장을 보면, 승리자 그리스도의 모습을 대서사시처럼 잘 묘사해 주고 있습니다. 그날은 또한 믿고, 인내하고, 소망하며, 사랑을 지켜 온 신자들이 승리하고 신원설치 하는 날이 될 것입니다.

이 장에서 우리는 재림이 이미 성취되었다는 거짓된 가르침에 흔들리는 데살로니가 교인들을 위하여 재림의 전조로서 배교와 불법의 사람이 나타나야 한다는 교훈을 살펴보았습니다. 사실 데살로니가후서 2장은 바울의 소묵시록이라는 별명이 붙어 있듯이, 종말론을 정립하기 위해 대단히 중요한 본문입니다. 물론 바울은 종말론이나 재림의 징조에 대해 포괄적인 교훈을 베푼 것은 아닙니다. 적어도 재림 전에 먼저 배교가 있고 불법의 사람, 즉 적그리스도가 나타나서 활동할 것을 기억해야 합니다.

오늘날 우리 가운데도 많은 종말론적인 미혹들이 있습니다. 바울이 말한 대로 흔들리거나 두려워하지 말고, 성경적인 종말론을 정립해야 합니다. 불법한 자 혹은 멸망의 사람이 올 것입니다. 그는 하나님을 대적하고, 하나님의 법을 깨트리는 자입니다. 기독교를 박해할 뿐만 아니라 하나님께서 인간 본성 가운데 심어 주신 자연법도 깨트릴 것입니다. 그러한 불법의 비밀은 바울 때에도 이미 역사하고 있었지만, 오늘 이 시대에는 더 강력하게 역사하는 것을 느낍니다. 이것을 제어하고 억제하고 막는 자가 있습니다. 여러 가지 해석이 가능하지만, 하나님이 세우신 목적에 따라 정의와 선을 권장하고 악을 심판하는 선한 정부의 역할이 중요합니다. 그래서 우리는 선한 정부를 달라고 기도해야 합니다. 위정자들을 위해서 기도해야 합니다. 하나님을 두려워하고, 하나님의 법을 존귀히 여기고, 하나님이 세우신 창조 질서를 훼손하지 않도록, 오히려 그렇게 훼손하려고 하는 자들을 제어하고 심판하는 정부가 되도록 기도해야 합니다.

그리고 불법한 자가 나타나면 온갖 이적과 기사를 행하면서 거짓 가르침을 믿게 한다는 점을 기억해야 합니다. 그때는 전세계적인 환난의 때이자, 대배교의 때일 것입니다. 특히 그러한 능력있는 거짓 교훈 혹은 사상을 따라가는 자들이 누구인지를 기억해야 합니다. 진리를 사랑하지 않고 불의를 좋아하는 자들입니다. 그런 자들은 진리없는 능력, 체험, 성공을 좋아합니다. 그런 자들은 하나님과 하나님의 법을 짓밟고서라도 신명난 인생을 살고, 이상 세계를 만들 수 있다고 믿습니다. 그러한 자들은 불법한 자, 적그리스도의 등장에 환호하고 하나님을 대적하고 그의 백성들을 잔해하는 일에 동참할 것입니다. 하지만 우리가 본 대로 불법한 자가 세력을 떨칠 시기는 지극히 짧습니다. 주님께서 강림하시어 그 입기운으로 단숨에 그를 패하게 하시고 멸망시킬 것입니다. 요한계시록의 표현으로 하면 지옥 불못에 던져 버릴 것입니다. 우리는 이러한 말씀을 읽고 묵상하면서 경건한 두려움을 가지는 것이 좋으나, 지나치게 불안해하거나 패닉에 빠지는 것은 옳지 않습니다. 도리어 우리는 말씀을 주의 깊게 읽고 자신에게 적용해야 합니다.

불법한 자를 환영하고 거짓 가르침을 따라가는 가는 자들과 달리, '나는 하나님을 믿고 경외하는가?', '그러하기에 하나님의 세우신 법과 질서를 존중하고 진리의 말씀을 사랑하는가?', '능력이 없고 화끈한 체험이 없어도 복음을 더 좋아하는가?'라는 질문을 자신에게 계속해서 던져야 합니다. 그럴 때 진리를 사랑함으로 구원함에 이르는 자라는 것을 알게 될 것입니다. 불의를 미워하고 선을 사랑함으로 우리가 하나님의 자녀라는 것을 알게 될 것입니다. 또한 우리는 불법한 자가 지배하고 악인이 창성하여 대배교에 이르게 할 그날이 지극히 짧다는 점을 기억하고 위로 삼으며, 소망하고 인내할 힘을 얻어야 합니다. 그리스도가 장차 승리자가 되실 것입니다. 예수 그리스도가 이기실 것입니다(Jesus is victor!).

11 마음이 흔들리거나 두려울 때에

살후 2:13–3:3

마음이 흔들려 좌불안석이 되어, 두려움을 느끼거나 좀 더 심하면 패닉 상태에 빠지는 것이 무엇인지를 경험적으로 모르는 분들은 거의 없을 것입니다. 최근에 태풍이 세 번이나 지나갔습니다. 그 거센 바람에 나무들이 마구 흔들리다가 부러지거나 뿌리가 뽑히는 것처럼, 마음만 흔들거리고 힘든 것이 아니라 존재 자체가 흔들리고 무너져 내리는 듯한 고통 속에 있는 이들도 주변에서 보게 됩니다. 코로나19 때문에 우리 모든 국민들, 나아가서는 전 세계인들이 불안을 경험했습니다. 많은 목회자들, 특히 개척 교회나 작은 교회 목회자들의 경우에는" 이 사태의 장기화가 가져올 교회의 미래는 어떠할 것인가?"에 대한 불안감이 있었습니다. 혹은 개인적으로나 가정적으로 또는 사업장에서 두려움이나 불안을 느끼는 분들도 많았을 것입니다. 이런 공동체적인 문제가 아니어도, 개인적으로 경제적 문제, 건강의 문제, 혹은 실연이나 실업의 문제, 그리고 자녀나 가족들의 문제 등으로 마음이 흔들리거나 두려움을 경험한 분들도 있을 것입니다.

이 장의 본문을 읽으면서 '본문과 설교 제목이 무슨 관계가 있을까?' 하고 벌써 궁금하신 분들이 있을 것입니다. 일단 제목을 보고 혹시 상담이나 심리적인 내용은 아닌가 하고 오해는 하지 않기를 부탁드립니다. 제가 총신대학교 신학대학원에서 가르치고 있는 과목은 인간론과 종말론, 신론, 성령론 등 조직신학 과목들입니다. 목회의 경륜이 많은 분들은 목회적인 실천적인 지혜를 담아서 말씀을 전하겠지만, 저는 신학교 교수입니다. 본문에 집중해서 말씀을 풀어나갈 것인데, 그럼에도 불구하고 "제목이 왜 이럴까?"라는 의문을 품을 수 있는 가능성을 염두에 두고 먼저 해명드립니다. 이번 장의 제목은 살펴본 본문으로부터 가져온 것은 아니지만, 본문과 연결되는 앞 부분에서 가져온 것입니다. 2장 2절을 보면 "쉽게 마음이 흔들리거나 두려워하거나 하지 말아야 한다"라는 바울의 권면이 나오는데, 여기서 제목을 가지고 왔습니다. 2장의 내용을 간단하게 설명하면 이렇습니다. 우리가 살면서 겪는 여러 크고 작은 어려움들 때문에도 마음이 흔들리거나 불안에 빠지기도 하지만, 데살로니가 교회 교인들의 경우에는 종말론적인 오해 때문에 그런 상태에 빠졌던 것 같습니다. "이미 주의 날이 이르렀다", "재림이 이미 임하였다"라고 주장하는 거짓 교훈 때문에 동요하고 좌불안석에 빠지게 된 것입니다. 이에 대해 바울은 흔들리거나 두려워하지 말 것을 당부합니다. 그리고 그 근거로 재림에 대한 바른 교훈을 가르쳐 줍니다.

즉, 먼저는 배교하는 일이 있고(대환난과 함께 오는 것이죠), 그리고 불법의 사람, 혹은 적그리스도가 먼저 나타나 활동해야 합니다. 그러나 그렇게 어려운 시기는 짧은 것입니다. 그리스도가 재림하시어 입기운으로 불법의 사람을 패하게 하시고 심판해 버리실 것이기 때문입니다. 바울은 이러한 교훈을 주고 난 후에 이 장의 본문으로 넘어갑니다. 바른 교훈에 근거해서 두려워하거나 흔들리지 말라는 것이 앞에서의 말씀이라면, 이제 우리가 살펴볼 본문에서는 그리스도인들은 오히려 견고해야 한다는 것, 또는 그리스도인만이 어떠한 상황에서든지 견고해질 수 있다고 하는 것을 강조합니다. 본문에서 "굳건하게"라는 말이 세 번이나 반복되는 것을 볼 수 있을 것입니다(2:15, 17; 3:3). 우리는 이 본문에서 우리의 각자 상황이 어떠하든지, 우리로 하여금 태풍에 의해 요란하게 흔들리는 나무처럼 혹은 큰 파도로 인해 배가 거세게 요동하는 것처럼, 마음이 흔들리거나 두렵게 만드는 이유가 무엇이든지 간에, 그렇게 되지 않고 오히려고 굳건하게 살아갈 수 있는 이유 또는 근거가 무엇인지를 살펴볼 것입니다.

우리의 존재가 영원에서 영원까지 보장된 존재임을 알라

먼저 2장 13-14절 말씀을 상고합니다. 바울은 "주께서 사랑하시는 형제들아!"라고 부릅니다. 바울이 겸손하게 형제라고 부릅니다. 뿐만 아니라 어떤 형제이냐? 바로 주께서 사랑하시는 형제들이라고 합니다. 바울은 그러한 사랑을 받은 데살로니가 성도들을 위해서 항상 감사드리는 것이 마땅하다고 고백합니다. 왜 항상 감사하는 게 마땅할까요? 그들이 무엇을 잘해서라기보다, 하나님의 사랑이 그들에게 어떻게 나타났는지 때문입니다. 우리가 견고해질 수 있는 첫 번째 이유 혹은 근거는 하나님께서 영원 전부터 가지신 계획 속에 우리를 포함시켜 주셨고, 그 계획은 영원을 두고서 성취되고야 만다는 것에 있습니다. 바울은 말합니다.

> 하나님이 처음부터 너희를 택하사 성령의 거룩하게 하심과 진리를 믿음으로 구원을 받게 하심이니 (13절b)

하나님께서 처음부터, 영원전부터, 창세 전에 우리를 택하셨습니다. 하나님이 미리 아신다는 것도 우리를 사랑의 대상으로 삼으셨다는 의미입니다. 어떤 조건 때문이 아닙니다. 우리 안에 있는 어떤 자격이나 기대되는 선행 때문이 아닙니다. 하나님이 먼저 우리를 생각해 주시고, 구원하시기로 마음 먹으셨습니다. 영원한 계획(eternal plan)에 포함시켜 주셨습니다. 그리고 때가 되어 성령의 내주로 말미암아 중생의 역사를 경험하게(거룩하게 구별되고) 되고, 거룩한 자로 성화되어가고 있습니다. 우리가 이렇게 구원에 참여하게 된 방편은 우리 편에서 보자면 믿는 것인데, 무엇을 믿는 것이냐 하면 진리를 믿고 구원받게 되는 것입니다. 이것을 14절에서는 이렇게 표현합니다.

> 이를 위하여 우리의 복음으로 너희를 부르사 우리 주 예수 그리스도의 영광을 얻게 하려 하심이니라 (14절)

'이를 위하여'라는 말은 앞절에서 말한 구원을 위하여의 의미입니다. 그렇게 구원얻도록 하기 위해서 하나님 편에서 어떻게 하셨느냐 하면, 우리의 복음, 즉 바울이 전하는 복음을 통해 너희를 부르셨다는 것입니다. 바울의 복음 전도를 통해 데살로니가 교인들은 하나님의 부르심을 받았습니다. 하나님께서 사람을 구원으로 초대하실 때는 어느 시대나 동일하게 일하십니다. 복음 전도자를 통해 전해지는 복음을 통해 부르십니다. 그냥 사람의 귓전을 스치고 지나가고 마는 경우를 외적 소명이라고 합니다. 그러나 귓전을 스치고 지나가지 않고, 그 복음이 귀를 통하여 마음에 내려와 들려지기 시작하는, 그래서 믿음에 이르도록 하는 것을 내적 소명이라고 합니다. 하나님은 오늘날 이 시대에도 그와 같은 방식으로 사람들을 부르십니다. 그래서 구원을 받게 하십니다. 전인적 구원을 얻게 될 것입니다. 그 구원은 과거, 현재, 미래 시제로 표현됩니다. 바울은 궁극적으로 우리가 얻게 될 구원을 그리스도의 영광에 참여하게 되는 것으로 말해 줍니다. 머리이신 그리스도가 누리시는 그 영광에 지체된 우리 신자들이 동참하게 될 것이라고 말합니다. 그리스도와 함께 왕 노릇하게 되는 영광도 있지만, 무엇보다 성령으로 충만하여 그리스도를 충만하게 닮게 되는 것, 그래서 우리를 통하여 하나님의 영광이 반사되는 존재가 되는 것, 그것이 구원의 완성인 것입니다.

13-14절을 통해 우리가 무엇을 배울 수가 있습니까? 우리가 흔들리거나 두려워하지 않아도 되는 이유는, 우리는 우연히 이 땅 위에 던져져서 아무런 목적이나 의미없이 살다가 그 존재가 사멸하는 허무한 존재가 아니기 때문입니다. 말씀하신 대로 우리 신자들은 하나님의 영원하신 계획 속에 포함되었고, 그 목적하시는 바를 이룰 때까지 우리 속에서 하나님의 역사하심을 경험할 자로 세워진 존재입니다. 창세전에 우리는 하나님의 선택을 받았습니다. 시간 속에서 때가 되어 메신저를 통해 복음의 소식을 들었고, 진리의 말씀을 믿었습니다. 그리고 성령의 거룩하게 하시는 역사를 경험했고 또한 경험하고 있습니다. 마침내 우리는 목적하시는 바대로 구원의 완성에 이르게 될 것입니다. 그리스도의 영광에 동참하는 자들이 될 것입니다. 우리는 하나님의 계획 속에 있는 존재이고, 그 계획에 따라 인도되는 인생입니다. 이러한 사실을 우리가 바르게 인식할 때 우리는 흔들리거나 두려움에 빠지지 않을 수 있습니다. 우리는 영원하신 하나님이 인도

하시는 인생과 역사의 과정 속에 오늘도 살아가고 있고, 내일도, 미래도 살아가게 될 것입니다.

굳건하게 서서 전통을 지키라

두 번째로 바울의 권하는 비결을 살펴보기 위해 2장 15절을 보겠습니다.

> 그러므로 형제들아 굳건하게 서서 말로나 우리의 편지로 가르침을 받은 전통을 지키라 (15절)

우선 바울이 사용한 두 동사를 먼저 주목해 보겠습니다. 바울은 우리에게 굳건하게 서라는 말과 전통을 지키라는 말을 합니다. 바울은 "폭풍에 맞서서 땅 위에 굳건하게 서고, 확고하고 안전한 어떤 것에 매달려 필사적으로 그것을 붙잡으라고 촉구"하고 있습니다.[56] 실제 신자들에게 닥쳐오는 바람은 환난이 바람일 수도 있고, 유혹과 미혹의 바람일 수도 있습니다. 그럴 때에 신앙으로 굳건하게 서서 버텨내야 합니다. 그리고 확고하고 안전한 어떤 것을 필사적으로 붙들어야 하는데, 이것을 바울은 "말로나 우리의 편지로 가르침을 받은 전통을 지키라"(15절), 즉 필사적으로 붙들어라고 권하고 있습니다.

전통(傳統)을 지키라고 하니 다소 낯설고 생경할 것입니다. 역사적 유구한 전통이라는 표현들을 우리가 종종 사용하는데, 맞습니다. 동일한 단어입니다. 사전적인 정의는 "어떤 집단이나 공동체에서, 역사적으로 형성 · 축적되어 계통을 이루며 전하여 내려오는 사상 · 관습 · 행동 따위의 양식, 또는 그 핵심을 이루는 정신"입니다. 신약에서는 장로들의 유전(遺傳)이라는 표현을 쓰기도 했습니다. 성경과 관계없는 인간적 해석의 전통들이 있어서, 예수님은 원래 하나님의 말씀으로 돌아갈 것을 말씀하기도 하셨습니다. 그런데 바울은 전통을 지키라고 하는가에 대해 오해를 할 수 있습니다. 그러나 본문을 주의해서 보기를 바랍니다. 바울은 자신이 말로나 혹은 편지로 전하여 준 바, 성도의 입장에서 그런 방식으로 가르침을 받은 바 그 전통을 지키라는 것입니다. 바울이 말로 전하거나, 편지로 쓴 내용이 바로 지켜야 할 전통입니다. 이것은 초대 교회 성도들의 입장에서 한 표현입니다. 신약 성경이 완성되고 난 후 만대의 교회는 무엇을 필사적으로 붙들면 될까요? 네, 선지자와 사도들의 전한 내용, 영감받아 기록한 말씀이 담겨 있는 성경 66권의 말씀을 필사적으로 붙들면 되는 것입니다.

폭풍이 지나갈 때 안전한 곳에 피하는 것이 살 길입니다. 그러나 그럴 수 없는 경우에는 아주 든든한 것에다가 자신을 단단히 묶어 둔다면 폭풍이 지나가도 덩달아 휩쓸려 가지 않을 수 있습니다. 우리의 인생도 마찬가지입니다. 온갖 폭풍이 몰아친다고 해도 우리가 가르침받은 전통 위에, 즉 하나님의 말씀 위에 자신을 꽁꽁 잘 묶어 둔다면 우리는 날려 가지 않습니다. 다르게 표현하자면, 흔들림과 두려움에 빠지지 않을 수 있는 것입니다. 우리가 하나님의 말씀을 굳세게 붙들 때 우리 인생은 안전할 수 있습니다. 어느 시대나 거짓 교훈들이 준동할 때 건전한 교회 공동체를 통해 배우고 익힌 하나님의 말씀에 굳세게 서지 않는 이들은 미혹당하고 휩쓸려 가서 인생을 망친 사례들이 많습니다. 구원론이 잘못된 이단이나, 사이비 종말론에 휩쓸려 인생이나 행실, 물질까지 다 휩쓸려 가버린 사례들이 많습니다.

우리는 어떤 상황에서든지 불변의 말씀을 붙들어야 삽니다. 하나님의 말씀만이 변치 않습니다. 일점일획도 떨어지지 않습니다. 그대로 성취됩니다. 마르틴 루터는 온 유럽 교회를 대항하여 혼자서 "내 양심은 하나님의 말씀에 붙잡혀 있습니다. 내가 달리는 어떻게 할 수 없습니다. 하나님이여, 나를 도와주소서"라고 부르짖을 때, 우리가 아는 그 위대한 종교 개혁자가 되었습니다. 1521년 4월 보름스 제국의회에 참석하러 가면서는 "보름스에 있는 기왓장 숫자만큼 많은 마귀가 나를 기다리고 있다고 해도 나는 두렵지 않다"라고 말할 수 있었습니다. 왜냐하면 바울이 권면하는 대로 그는 하나님의 말씀에 필사적으로 매달리고, 그 말씀 위에 견고하게 섰기 때문입니다. 이 말세지말에 시험과 시련의 바람이 많이 부는 때에 우리도 견고하게 서서 흔들리지 않고 두려움에 빠지지 않기 위해서는 하나님의 말씀에 착념해야 합니다. 성경 말씀을 부지런히 읽고, 외우고, 공부하고, 묵상하고, 마음 판에 새겨야 합니다. 그 말씀을 앙망해야 합니다. 교회 목회자를 통해서 말씀을 잘 배워야 합니다. 온 세상이 다 무너져도 하나님의 말씀은 일점일획도 폐하여지지 않는다는 믿음을 가지고 사시면 마음의 담력을 누릴 수 있을 것입니다.

말씀 사역을 위해 기도하라

우리가 흔들거리지 않고 불안에 빠지지 않는 세 번째 비결이 있습니다. 3장 1–2절의 말씀입니다. 바울은 "너희는 우리를 위하여 기도해 달라"라고 부탁합니다. 그리고 핵심은 복음 사역을 위해서 기도해 달라는 것입니다. 당연히 할 일이긴 한데, 어떻게 이것이 우리로 굳건하게 설 수 있는 비결이 될까요? 일단 우리는 기도라는 은혜의 방편을 통해 하나님의 각종 은혜를 누린다는 것에 모두 "아멘" 하실 것입니다. 특히 우리는 우리의 관심을 하나님이 기뻐하시는 일에 쏟아 부어야 합니다. 그것이 무엇입니까? 바로 말씀 사역을 위한 기도입니다.

1절을 다시 주목해 봅시다.

끝으로 형제들아 너희는 우리를 위하여 기도하기를 주의 말씀이 너희 가운데서와 같이 퍼져 나가 영광스럽게 되고 (1절)

우리는 바울과 그와 함께한 동역자들인 실루아노와 디모데를 가리킵니다. 복음 전도자들을 말합니다. 말씀 사역자들을 가리킵니다. 그들을 위하여 기도해야 합니다. 특히 그들이 전하는 주의 말씀이 퍼져나가 영광스럽게 되도록(ἵνα ὁ λόγος τοῦ κυρίου τρέχῃ καὶ δοξάζηται καθὼς καὶ πρὸς ὑμᾶς) 기도해야 합니다. 주의 말씀은 하나님의 말씀, 전통, 성경에 기록된 말씀을 선포하는 것입니다. 그런데 그 말씀이 어떻게 되도록 기도해야 하는가 하면, 첫째는 너희 가운데서와 같이 퍼져 나가기를 기도해 달라고 합니다. 퍼져나간다고 번역된 헬라어 단어는 '달음질하다'라는 뜻입니다. 육상 경기 중에 달리기 혹은 마라톤 경기가 있습니다. 잘 달음박질하여 골인 지점에 이르는 달리기 선수와 같이 바울이 전하는 복음이 "잘 달리도록, 빨리 달리도록" 기도해 달라는 것입니다. 바울은 굉장히 생생한 언어를 사용한 것입니다. 그런데 얼마만큼 잘 달리기를 구하느냐 하면 데살로니가 교인들 가운데서와 같이입니다. 데살로니가에서 바울이 3주간 복음을 전했을 뿐인데도 그들 가운데 신자들이 생겼을 뿐만 아니라 믿음과 사랑과 소망의 열매를 풍성하게 맺음으로 바울이 놀라고, 감격하고, 감사했던 것처럼, 어디에서나 복음이 그렇게 달음발질하기를 구하는 것입니다. 그래서 결과적으로 그 말씀이 영광스럽게 되기를 기도해 달라고 말합니다. 말씀이 선포되었을 때에 아무런 반응이 없거나 적대적인 반응을 보이는 것이 아니라, 적극적으로 환영하고 받아들이고 열매 맺음으로 말씀이 영광스럽게 되기 때문입니다.

또한 바울은 복음을 전하는 자들을 향해 반대하고 박해하는 자들에게서 건짐을 받게 해 달라는 기도를 부탁했습니다. 3장 2절 말씀입니다.

> 또한 우리를 부당하고 악한 사람들에게서 건지시옵서 하라. 믿음은 모든 사람의 것이 아니니라 (2절)

우리는 사도행전에서 바울이 선교지 곳곳에서 유대인들의 집요한 박해를 받곤 하던 것을 알고 있습니다. 바울은 그들을 악한 사람들이라고 표현할 뿐만 아니라 부당한 사람이라고 표현합니다. 이 '아토포이'(atopoi)라는 단어는 '부적절한'이라는 뜻이고, '비합리적인', '사리에 어두운', '성미가 비꼬인', 심지어 '고집불통인' 사람을 가리키는 데 쓰는 단어입니다.[57] 바울은 그렇게 복음 사역을 적대하는 악하고 성미가 비꼬이고, 고집불통인 사람들에게서 건짐받게 해 달라고 기도해 줄 것을 부탁합니다. 이는 바울 시대뿐 아니라 오늘날도 마찬가지입니다. 복음을 전하면 적대하고, 들어 보려고도 하지 않고, 욕하고 비방하는 이들이 있습니다. 바울이 2절 하반절에서 말하는 대로 "믿음은 모든 사람의 것이 아니"(οὐ γὰρ πάντων ἡ πίστις)기 때문, 즉 모두가 믿는 것은 아니기 때문입니다. 이것은 어느 시대나 누구나 복음을 전하면 경험하게 되는 현실입니다. 모두가 환영하지도, 모두가 반대하지도 않습니다. 믿는 자와 믿지 않는 자로 갈라지게 됩니다. 물론 현상의 이면에는 하나님의 선택의 교리가 전제되어 있습니다.

우리는 이 1–2절의 바울의 기도 요청을 통해 근본적으로 우리가 힘들고 어려운 시기에도 기도를 통해 극복할 수 있는 은혜, 흔들릴 때 굳건해질 수 있는 은혜를 얻을 수 있다는 점을 전제로 하고, 우리의 기도 속의 관심사가 하나님의 말씀 사역이 잘 달음질하여 영광스럽게 되도록, 기도하는 일에 집중하도록 포커스를 잘 맞추고 사는 것이 중요하다는 점을 배우게 됩니다. 코로나19 때에 모이기도 어렵고, 소그룹도 어렵고 말씀 사역에 어려움도 많았는데, 앞으로 또 이런 시기가 온다고 해도 말씀을 어떤 방편으로든 잘 전할 수 있도록 기도하고, 재앙이 하루 속히 종식되어 교회가 이전보다 더욱 간절한 마음으로 말씀을 전하고 배우는 일에 힘쓸 수 있도록 은혜를 구하기 바랍니다.

신실하신 주님을 앙망하라

이제 마음이 흔들리거나 두려워하지 않을 수 있는 네 번째이

자 마지막 이유, 혹은 근거를 살펴봅시다. 2장 16–17절과 3장 3절을 함께 살펴보려고 합니다. 먼저 3장 3절을 보시면 “주는 미쁘사 너희를 굳건하게 하시고 악한 자에게서 지키시리라”(Πιστὸς δέ ἐστιν ὁ κύριος, ὃς στηρίξει ὑμᾶς καὶ φυλάξει ἀπὸ τοῦ πονηροῦ)라고 합니다. 주님은 미쁘십니다. 다시 말해서 주님은 신실하십니다. 우리에게 주신 말씀과 우리와 맺으신 언약에 대해 신실하고 충실합니다. 영원불변합니다. 우리는 힘들 때 힘있는 사람, 그걸 해결할 만한 사람을 의지하고 든든해합니다. 하물며 영원불변하고 신실하신 주님을 우리가 믿고 의지하는 것이 얼마나 든든하고 안전한 길이겠습니까? 주님은 식언치 않는 분입니다. 인간은 모두 거짓되고, 변덕이 죽 끓듯 해도 하나님은 일향 미쁘십니다. 바울은 그 신실하신 주님이 우리를 굳건하게 할 수 있다고 선포합니다. 또한 이 세상을 살 때 우리에게 닥쳐오는 온갖 시험과 미혹의 뒤편에 있는 주범인 악한 자, 즉 마귀에게서 우리를 지키시고 보호할 수 있다는 것입니다. 험악한 세상을 살아가면서, 저는 자주 요한일서 5장 18절 하반절 말씀을 묵상하고 붙듭니다. “하나님께로부터 나신 자가 그를 지키시매 악한 자가 그를 만지지도 못하느니라”라는 말씀입니다.

마지막으로 2장 16–17절 말씀도 살펴봅시다. 3장 3절에 간단하게 선포했다면 2장 16–17절에서는 다소 길게 설명해 줍니다.

우리 주 예수 그리스도와 우리를 사랑하시고 영원한 위로와 좋은 소망을 은혜로 주신 하나님 우리 아버지께서 너희 마음을 위로하시고 모든 선한 일과 말에 굳건하게 하시기를 원하노라 (16-17절)

우리가 믿고 앙망해야 할 하나님이 어떤 분이시며, 우리를 위해 어떻게 하기를 원하는 분이지를 축원 형태로 소개함으로 하나님을 굳게 신뢰하고 든든히 설 수 있음을 알려 줍니다. 예수 그리스도와 우리 하나님 아버지라고 소개하면서, 하나님께서는 우리를 사랑하시는 분이라는 점을 강조했습니다. 사랑하기에 하나님은 우리에게 일시적이거나 사라질 위로가 아니라 영원한 위로를 주시고, 좋은 소망 혹은 선한 소망(ἐλπίδα ἀγαθὴν)을 우리에게 은혜로 값없이 주셨습니다. 그런 하나님이시기에 그분만이 우리 마음을 위로하실 수 있습니다. 그리고 모든 선한 일과 말에(골 2:17 식으로 표현하자면 "또 무엇을 하든지 말에나 일에나 다") 굳건하게 해 주실 수 있습니다. 우리를 사랑하시어 모든 좋은 것들을 은혜로 주시고, 사람들이 위로하지 못할 때에도 우리 마음을 위로하시며, 우리의 하는 모든 일과 말에 흔들림 없이 굳세게 하실 수 있는 주 예수 그리스도와 우리 하나님 아버지를 믿고 앙망하는 자만이 두려움과 요동함에 빠지지 않을 수 있습니다. 때로 그런 지경에 처한다고 해도 하나님을 믿고 의지할 때에 벗어나서 든든한 반석 위에 굳게 설 수 있고 개선가를 부를 수 있습니다.

이제 이 장에서 상고한 말씀을 정리하겠습니다. 우리는 그릇된 종말론 때문에 마음이 흔들리고 두려움에 빠질 위험에 처한 데살로니가 교인들에게 바울이 알려 준 극복의 길을 추려 보았습니다. 그때나 지금이나 형태만 다를 뿐 우리는 우리를 넘어뜨리려고 하는 많은 시험과 유혹이라는 바람을 직면하고 살아갑니다. 그러므로 어떻게 두려워하거나 흔들거리지 않고 견고하고 굳건하게 설 수 있는지 성경적 비결을 확인하고 실천하는 것이 필요합니다.

첫째는 우리는 우연히 존재하는 것이 아니라 하나님의 영원한 계획 속에 존재한다는 것을 인식하는 것입니다. 우리는 하나님의 무조건적인 선택을 받고, 역사 속에서 복음으로 부르심을 받고 성령의 거룩하게 하심을 받은 자들입니다. 그리고 궁극적인 구원의 완성을 향해 나아가고 있습니다. 마침내 우리는 그리스도의 영광에 동참하게 될 것입니다.

둘째는 우리가 두려워하거나 흔들리지 않고 굳세게 서기 위해서는 가르침 받은 전통, 사도적 전통인 성경 말씀을 굳게 붙들어야 합니다. 이것은 우리에게 명령된 것입니다. 필사적으로 말씀을 붙들어야 합니다. 하나님의 계시된 말씀은 영원불변합니다. 일점일획도 폐해지지 않습니다. 온 세상이 요동하고 있고 조변석개(朝變夕改)인 데 반해, 말씀만이 영원합니다. 그 말씀을 굳세게 붙드는 자가 마음에 평화를 얻고 굳세어질 수 있습니다.

셋째는 우리는 기도를 통해 굳세어질 수 있습니다. 특히 우리는 말씀 사역과 말씀 사역자를 위해 기도해야 합니다. 달리 말해서 우리의 관심사를 현재 우리를 괴롭히는 문제들에서 하나님 나라와 하나님의 의를 구하는 데로 전환해야 합니다. 우리가 하나님의 일에 집중하고 기도할 때 우리도 견고함을 누릴 수가 있습니다.

마지막 네 번째는 신실하신 삼위 하나님을 믿고 앙망해야 합니다. 하나님만이 우리가 믿고 의지할 만세반석이기 때문입니다. 은혜로 모든 좋은 것을 주셨습니다. 구원도, 영원한 위로도, 좋은 소망도 주셨습니다. 하나님만이 진정으로 우리 마음을 위로하시고, 우리를 범사에 굳세게 하실 수 있습니다. 만세반석이신 하나님을 믿고 의지하면서 살아갈 수 있기를 바랍니다.

12 게으른 자들에 대한 경계와 마지막 인사

살후 3:4-18

국내에 『게으름』(2003)이라는 책이 있습니다. 100쇄를 넘긴 베스트 셀러입니다. 심지어 『어린이 게으름』(2005)이라는 책도 동일한 저자가 이어서 썼고, 많은 이들에 의해 읽혔습니다. 수년 전에는 영어로 번역되기까지 했습니다. 저자는 자신이 오랫동안 공들여 쓴 『죄와 은혜의 지배』(2005)라는 대작에 비해, 짧은 기간에 에세이 쓰듯이 쉽게 쓴 『게으름』이 힛트를 친 것에 대해 다소 의아해하는 글을 본 적이 있습니다. 왜 그럴까요? 왜 한국 사람들은 『게으름』이라는 책을 그렇게도 많이 읽었을까요? 아마도 남들이 어떻게 평가하든지 간에 자신이 게으르다고 생각하는 이들이 많아서 그런 것이 아닐까 하고 생각했습니다. '나는 시간 관리를 잘못하고 있다', '허비하고 있다'라는 생각을 하는 이들이 많지 않을까 하는 생각이 들기도 하고, 부모나 선생님의 입장에서 '아, 저 사람은 이런 책을 좀 읽고 정신차려야 하는데' 하는 안타까움에 선물을 하는 경우도 많이 있지 않았을까 합니다.

오늘 『게으름』이라는 책 이야기로 서두를 연 이유가 있습니다.

본문을 보면 바울은 데살로니가 교회에 게으르게 행하는 자들에 대한 경고의 목소리를 내고 있는 것이 보이기 때문입니다. 게으르게 행하여 일은 하지 않고 일을 만들기만 하는 무질서한 자들에 대해 바울은 엄히 다루고 있습니다. 그러면 바울이 경계하고 있는 이 게으른 자들의 정체는 무엇일까요? 천성적으로 게으른 자들을 말하는 것일까요? 단순히 일을 하지 않는 사람들을 말하는 것일까요? 조금 복잡한 주제이기 때문에 우리는 본문을 찬찬히 잘 상고해 보아야 합니다. 바울은 이 문제를 다루고 나서 16–18절에 마지막 문안 인사를 쓰고 있습니다.

바울의 신중한 접근(4–5)

바울은 먼저 3장 4–5절에서 데살로니가 성도들의 마음을 준비시킵니다. 바울은 6절 이하에서 거의 군대식 용어를 사용하며 말합니다. 엄하게 말해야 하기 때문에, 교인들의 마음을 잘 다독거리면서 이야기를 시작합니다. 4절을 보겠습니다.

> 너희에 대하여는 우리가 명한 것을 너희가 행하고 또 행할 줄을 우리가 주 안에서 확신하노니 (4절)

바울은 이 구절에서도 명한 것이라는 강한 용어를 썼습니다.

이는 사도적 권위에서 나오는 말입니다. 앞서 보았지만 사도가 가르치고 기록한 것을 전통이라고도 했는데, 그것은 인간적인 지혜에서 나온 권면이나 훈계가 아니라 주님의 말씀과 동일하기 때문에 그런 면에서 명령이라는 표현을 사용합니다. 레온 모리스(Leon Morris, 1914–2006)는 우리가 읽은 본문 안에 "군사적인 언어의 울림"이 있다고 잘 지적했습니다. 하지만 바울은 데살로니가 성도들이 이미 자신에게서 가르침받은 대로 잘 행하고 있다는 점과, 앞으로도 잘 행할 것을 확신하다고 표현했습니다. 현대식으로 말하자면, 기록된 하나님의 말씀에 따라 잘 순종하여 행하고 있고, 또한 앞으로도 말씀대로 살 줄을 믿는다고 칭찬한 것입니다. 즉, 성도들이 실제로도 그런 삶을 살았기 때문에 앞으로도 그렇게 할 줄을 믿는다고 말하는 것입니다. 이어지는 5절에서 바울은 조금 문맥에 이탈한 듯한 축원을 말합니다.

> 주께서 너희 마음을 인도하여 하나님의 사랑과 그리스도의 인내에 들어가게 하시기를 원하노라 (5절)

바울은 게으르게 빈둥대고 있는 사람들에 대한 엄한 책망과 경계의 목소리를 발하기 전에 이러한 축원의 말을 하였는데, 이것이 어떤 관계가 있는지를 주목해야 합니다. 바울이 주님께서(대체로 '주님께서'라고 하면 예수 그리스도를 가르킵니다) 너희들의 마음을 인도하여 어디로 들어가게 해 달라고 하는지 다시 살펴보면 '하나님의 사랑과 그리스도의 인내'라고 합니다.[58] 헬라어의 경우 '~의 사랑', '~의 인내' 하면 모호할 수 있습니다. 즉, 하나님의 사랑과 그리스도의 인내인지, 하나님을 사랑하는 것과 그리스도에 대한 인내심(즉, 재림을 고대하고 인내하는 자세)을 가리키는지가 모호한 것입니다. 그러나 후자의 경우는 전자의 결과이기 때문에 두 가지 모두 가능한다고 볼 수도 있습니다. 그래서 19세기의 R. H. 라이트풋이라는 학자는 "위대한 영적 진리를 표현하기 위한 언어의 모호함 또는 오히려 포괄성"이라고 말해 줍니다. 바울은 우리 성도들을 향한 하나님의 사랑과 그리스도의 인내(오래 참아주심, 혹은 견인해 주심)를 알고 확신하는 데로 우리의 마음을 인도해 주시기를 소망하는 한편, 또한 우리 성도들의 마음이 주님의 인도하심에 따라 하나님을 사랑하고, 그리스도를 소망하는 데 견인불굴의 인내를 발할 수 있기를 축원하는 마음을 가지고 있다고 볼 수 있습니다. 그러한 사랑과 인내심을 가질 때에 교회 내에 일어나는 난제들이나 트러블 메이커들을 어떻게 대해야 할지도 알게 되는 것입니다.

게으른 자들(아탁토이)에 대한 바울의 책망과 경계(6-15)

사도 바울은 이렇게 성도들의 마음을 다독거리고 준비시키고

난 다음에 강한 경계의 목소리를 발하기 시작합니다. 먼저 바울은 문제를 일으키고 있는 사람에 대하여 강한 대처를 명합니다. 6절입니다.

> 형제들아 우리 주 예수 그리스도의 이름으로 너희를 명하노니 게으르게 행하고 우리에게서 받은 전통대로 행하지 아니하는 모든 형제에게서 떠나라 (6절)

바울은 형제들이라는 친밀한 호칭을 사용하면서도 "우리 주 예수 그리스도의 이름으로 너희를 명한다"라고 시작합니다. "명령한다"라는 군대식 용어입니다. 그러나 그 근거는 단순히 바울 개인의 권위가 아니라 예수 그리스도의 이름으로부터 온 것입니다. 이것이 사도권의 근거입니다. 사도는 보내신 자의 대권을 위임받은 자이기에, 초대 교회는 사도의 가르침을 주님의 말씀으로 받고, 사도의 명령도 주님의 명령하시는 바로 들었던 것입니다. 우리로서는 그 사도적 교훈이 기록된 성경 말씀에 청종하는 것입니다. 그러면 바울의 명하는 바가 무엇인지를 다시 보겠습니다. "게으르게 행하고 우리에게서 받은 전통대로 행하지 아니하는 모든 형제에게서 떠나라"라는 것입니다.

먼저 우리는 이 게으른 자들의 정체를 이해할 필요가 있습니다. 우리가 앞서 데살로니가전서 5장에서도 보았고, 이 장의 본문에서도 보듯이 이 게으르게 행하는 자들이란 단순히 천성이 게으른 자들, 일을 하고 싶은데 실업율이 높아서 놀고 있는 사람들을 가리키는 것이 아닙니다. 일을 할 수 있는데 10절 하반절에 있는 대로 "일하기 싫어하는" 자들을 말합니다. 그때나 지금이나 일을 하고 싶어도 건강이 안 되거나 나이가 많거나 일할 곳이 없어서 일을 할 수 없는 이들이 있습니다. 하지만 일할 수 있는데도 일하기를 싫어하고 빈둥거리는 사람들이 있습니다. 특히 데살로니가에서 문제가 된 사람들은 재림에 대한 잘못된 교훈 때문에 그런 사람들이 생겨났습니다. "주님의 재림이 임박한데, 뭐하러 이런 육신적인 일을 할 필요가 있느냐"라고 하면서 하던 일도 하지 않은 것입니다. 그렇게 빈둥거리면서 거룩한 백수니, 거룩한 백조니 하면서 시간이 남아도니 성도들 사이에 돌아다니면서 음식을 얻어먹고 온갖 간섭은 다 하면서 트러블만 만드는 것입니다. 바울이 11절에서 말하는 바가 그것입니다.

> 우리가 들은즉 너희 가운데 게으르게 행하여 도무지 일하지 않고 일을 만들기만 하는 자들이 있다 하니 (11절)

자기 할 일을 해야 할 사람들이 자기의 일은 하지 않고 오히려 돌아다니며 일을 만들고 있는 것을 그렇게 표현한 것입니다. 우리는 시한부 종말론이 준동할 때마다 이런 스타일의 사람들이 생겨나는 것을 보곤 합니다.

바울은 이런 사람들을 어떻게 대처해야 하는지를 몇 가지로 말해 줍니다. 일단 6절에서 바울이 권하는 것은 "떠나라"는 것입니다. 떠나라는 말은 가까이하지 말고 피하라는 의미입니다. 14-15절에서 구체적으로 바울은 지침을 말해 줄 것인데, 일단은 그런 종류의 사람들을 가까이 하지 말고 사회적 거리 두기를 하라고 권합니다. 그러면서 바울은 자신들이 그들에게 보여 주었던 본을 상기시키면서 따를 것을 권합니다. 7-9절에 있는 말씀들입니다. 7절부터 봅시다.

어떻게 우리를 본받아야 할지를 너희가 스스로 아나니 우리가 너희 가운데서 무질서하게 행하지 아니하며 (7절)

바울이 3주간 데살로니가에 머물면서 복음을 전할 때 어떻게 했는지를 상기시키는 것입니다. 바울은 자신들이 무질서하게 행하지 않았다고 말합니다. 게으르거나 빈둥거리지 않았다는 것입니다. 오히려 어떻게 했다고 8절이 말합니까?

누구에게서든지 음식을 값없이 먹지 않고 오직 수고하고 애써 주야로 일함은 너희 아무에게도 폐를 끼치지 아니하려 함이니 (8절)

바울이 말하는 바를 우리도 너무나 잘 알고 있습니다. 소위 자비량 선교 사역에 대한 이야기입니다. 우리가 자비량 사역이라고 할 때, 영어로는 '텐트 메이킹 미니스트리'(tent-making ministry)라고 합니다. 바울이 밤낮으로 애써 일했다고 할 때 한 일이 천막 만드는 일이었기 때문입니다. 바울은 선교지에 도착하면 숙식에 들어가는 비용을 마련하기 위해 동종의 일을 하는 유대인을 찾아가 일을 하면서 복음을 전하는 게 원칙이었습니다. 바울은 그렇게 함으로 낯선 데살로니가인들에게 폐를 끼치지 않았다고 밝힙니다. 즉, 경제적으로 복음을 처음 듣고 믿는 자들에게 짐을 지우지 않았다는 것입니다. 그리고 바울이 얼마나 열심히 일을 했는가 하면 "오직 수고하고 애써 주야로 일했다"라고 말합니다. 주야로는 '밤낮으로'를 의미합니다. 수고하고 애썼다는 표현은 헬라어로 '코포스'(kopos)와 '모크토스'(mochtos)라는 단어를 썼는데, '코포스'는 '계속된 노동으로 생겨나는 고되고 피곤함'을 가리키고, '모크토스'는 '어려움을 극복하기 위해 애쓰고 힘쓰는 것'을 의미합니다.[59] 너무나 일을 과로하다 보니 피곤하고, 그런 저런 어려움들을 극복하기 위해서 힘쓰고 애써가면서 밤낮 가리지 않고 일을 했다는 것입니다.

다시 한번 정리하겠습니다. 바울은 선교지에 처음 도착하면 밤낮으로 힘써 장막 만드는 일을 해서 돈을 벌어 자기 일행 숙박비를 지불했습니다. 그렇게 함으로써 처음 복음을 듣는 회중들에게 조금이라도 경제적인 부담을 끼치지 않을 수가 있었습니다. 이어지는 9절도 보겠습니다. 바울은 이렇게 말합니다.

> 우리에게 권리가 없는 것이 아니요 오직 스스로 너희에게 본을 보여 우리를 본받게 하려 함이니라 (9절)

바울이 말하는 권리가 무엇일까요? 이는 복음을 전하는 일꾼, 말씀 사역에 전념하는 사역자들이 회중들에 의해 생활비를 받는 것을 말합니다. 예수님도 그렇게 가르치셨고(마 10:10), 바울도 고린도전서 9장 3-14절에서 자세하게 설명했습니다. 복음 전하는 자가 그 일에 전념하기 위해서, 성도들의 경제적인 후원을 받는 것이 정당한 권리라는 것입니다. 그럼에도 불구하고 바울은 자기 권리를 사용하지 않았다는 말입니다. 왜 그렇게 했을까요? 바울 당시에는 떠돌이 약장수 같은 말쟁이들이 돌아다니면서 사람들을 말로 속여 이익을 챙기는 일들이 많았습니다. 소피스트들이 그러했고, 때로는 거짓 선생들이 교회에 돌아다니면서도 그렇게 했습니다. 그렇게 함으로 복음 사역이 크게 훼방을 당하게 되었습니다. 그래서 바울은 자신이 복음 전하는 일에만 전념해도 되지만, 낯선 사역지에 가서는 자비량 선교를 했던 것입니다. 또 그렇게 한 것이 지금 데살로니가 교인들에게는 자기 일을 열심히 하고 자기 생계는 자기가 챙기는 것이 합당하다는 본보기가 된다는 말하고 있습니다. 우리는 이 부분에서도 균형 감각이 필요합니다. 바울은 낯선 선교지에 가서 복음을 순수하게 전하기 위해서 자비량 사역을 했습니다. 오늘날도 그런 분들이 있습니다. 반면에 일반적인 원리는 복음 사역자가 자기가 섬기는 교회나 선교사로 파송한 기관에서 경제적 후원을 받고 사역에 집중하는 것입니다. 따라서 성도들은 자신이 속한 교회 전임 사역자들을 위해서 합당하게 경제적 지원을 하도록 배려하는 것이 중요하고, 사역자들은 주님께서 교회를 통해 자신의 생계를 공궤해 주시는 줄 알고 맡은 사역에 충성해야 하는 것입니다.

바울은 10절에서 이전에도 전달했던 명령을 다시금 상기시킵니다.

> 우리가 너희와 함께 있을 때에도 너희에게 명하기를 누구든지 일하기 싫어하거든 먹지도 말게 하라 하였더니 (10절)

앞서도 지적했지만 현재 문제가 되고 있는 사람들은 일하기 싫어하는 사람들입니다. 자기가 맡은 일을 하지 않을 뿐만 아니라, 일을 하려고도 하지 않은 사람들입니다. 데살로니가 교회에서는 잘못된 종말론의 여파로 그런 빈둥거리는 사람들이 있었습니다. 그런 이들을 향해 바울은 단호하게 말합니다. "그렇게 일하기 싫거든 먹지도 말라." 이 구절을 문자적으로 잘못 적용하면

곤란합니다. 취업이 안 되거나 장애가 있어서, 나이가 많은 등의 이유로 일을 하고 싶어도 할 수 없는 사람들이 있기 때문입니다. 가족들이 돌보고, 사회복지 사역을 통해서 돌봐야 할 대상들이 있습니다. 바울이 의도하는 바는 일할 수 있고 일할 기회도 있음에도 불구하고 엉뚱한 핑계를 대면서 빈둥거리고 11절에서 지적하는 대로 "게으르게 행하여 도무지 일하지 않고 일을 만들기만 하는 자들"을 보고 "그럼 밥도 먹지 말아라"라고 명령하는 것입니다. 이것은 비단 기독교적 원리일 뿐만 아니라 당시 고대 작업장의 윤리이기도 했습니다. 즉, 고대인도 자기 사업장에서 게으른 도제들에게는 저녁 먹는 것을 금하는 전통이 있었다고 합니다.[60]

바울은 12절에서 그런 빈둥거리는 자들을 향해 또 다른 명령을 합니다.

> 이런 자들에게 우리가 명하고 주 예수 그리스도 안에서 권하기를 조용히 일하여 자기 양식을 먹으라 하노라 (12절)

바울은 '우리가 명한다', 즉 사도적 명령을 발합니다. 그리고 덧붙이기를 주 예수 그리스도 안에서 하는 권면이다고 말합니다. 사도권은 주님이 위임하신 대권이라는 사실을 늘 기억해야 합니다. 사도 이후에는 그런 권세를 받은 사람이 없다는 점을 유념하는 것도 중요합니다. 아무튼 주님의 이름으로 사도가 명령하고 권하는 바가 무엇입니까?

"조용히 일하여 자기 양식을 먹으라"

(do their work quietly and eat their own bread).

열심히 자기 생업에 종사해서 번 돈으로 자기 양식을 먹으라는 말인데, 10절 하반절과 대조되는 내용입니다. 일을 하기 싫어하고 일만 만드는 자들이 될 것이 아니라, 자기 일을 하고 자기 양식을 먹으라는 것입니다. 바울은 '조용히'라는 부사를 붙였습니다. 빈둥거리며 여기 저기 돌아다니면 들쑤시고 다니고 간섭하는 사람들 사이에 트러블을 만드는 소요 속에서 반대로 조용히 자기 할 일에 집중하라는 것입니다. 말이 많은 사람에게 "입 다물고 조용히 네 할 일이나 해라"라고 권하는 우리식의 말을 떠올려보면, 바울이 왜 굳이 조용히 네 할 일을 하라는 표현을 쓰는지를 이해하실 것입니다.

바울은 이어서 13절에서는 "형제들아 너희는 선을 행하다가 낙심하지 말라"라는 말을 합니다. 빈둥거리며 일만 만드는 사람들과 대조적으로 바울의 가르침대로 잘 행하고 있는 형제들을 향한 권면의 말씀입니다. 다른 사람들 때문에 낙심하지 말고, 하고 있는 일을 계속해서 하라는 권면입니다. 바울은 갈라디아서 6장 9절에서도 "우리가 선을 행하되 낙심하지 말지니 포기하지 아니하면 때가 이르매 거두리라"라는 말을 했습니다. 우리는 믿음의 길을 가다가 외부적인 박해 때문에도 낙심하고 넘어지기도 하지만, 내부적으로 탈선한 이들 때문에도 낙심하는 경우도 많습니다. 데살로니가 교회 같으면 지금 문제가 되는 빈둥거리면서 남에게 짐을 지우는 이들이 그렇게 낙심하게 만들 수 있었을 겁니다. 바울은 낙심하지 말고 계속해서 사도의 가르침대로, 즉 사도를 통해 주님이 가르쳐 주신 대로 계속해서 선을 행하라는 격려를 한 것입니다. 오늘날 우리도 때로 "왜 나만 이렇게 살아야 하나요?"라고 하면서 낙심하는 경우들이 있습니다. 그러나 그것이 하나님의 말씀하신 바를 따르는 것이라면 바울의 권면대로 낙심하지 말고 계속해서 선을 행하는 것이 승리하는 길입니다.

지금까지 사도 바울은 빈둥거리며 무질서하게 살아가며 문제만 일으키는 사람들에 관련하여 많은 말들을 했습니다. 일반적인 원리도 재천명했습니다. 성도들을 독려하기도 했습니다. 그리고 14-15절을 보면 계속해서 문제를 일으키는 이들을 성도들이 어떻게 대해야 하는지를 엄히 밝힙니다.

> 누가 이 편지에 한 우리 말을 순종하지 아니하거든 그 사람을 지목하여 사귀지 말고 그로 하여금 부끄럽게 하라. 그러나 원수와 같이 생각하지 말고 형제 같이 권면하라 (14-15절)

바울의 가르침, 즉 사도적 전통에 순종하지 않는 이들은 권징이 필요하다는 말을 하는 것입니다. 오늘날 교회에서 거의 자취를 감춘 것이 이 권징 혹은 징계입니다. 지금 바울이 말하는 것은 사소한 문제들, 이럴 수도 저럴 수도 있는 문제에 관한 것이 아닙니다. 교회 내에서 사도적 가르침에 순종하지 않는, 즉 주의 말씀에 순종하지 않는 이들에 대해 하는 말입니다. 권징도 지혜가 필요하고, 왜 하는지 이유도 필요합니다. 우리 교단 헌법책에도 권징에 대한 부분이 들어 있습니다. 본문에 보면 바울은 불순종하는 사람들을 지목하여 사귀지 말라고 합니다. 친밀한 교제를 금하라는 것입니다. 공동체가 어떤 죄를 짓고 고집하는 사람을 지목하여 멀리하고, 친밀한 교제를 하지 않으면 공동체적인 책망이 되는 것입니다. 이렇게 제대로 시행된다면 어떤 결과가 나올까요? 당사자가 부끄러워하게 되는 것입니다. '아, 이렇게 살면 이 교회 안에서는 환영을 못 받는구나. 교제의 끈이 끊어질 수가 있겠구나' 하면서 회개하고 돌이키게 된다는 것입니다. 사회적 거리 두기를 하는 이유는 결국은 그 사람을 바로잡아 주어 건강한 구성원으로 돌아오게 하기 위한 것입니다. 그뿐만 아니라 그렇게 징계를 해야 다른 사람들도 경계가 되고 교훈을 받게 되는 것입니다.

바울은 그와 같이 징계를 할 때에 가져야 할 마음 자세를 알려줍니다. 15절 말씀에 보니 "그러나 원수와 같이 생각하지 말고 형제같이 권면하라"라고 합니다. 성도 간에 다시 안 보고 살아도 되는 원수처럼 여기지 말라는 것입니다. 오히려 형제같이 권면하라는 것입니다. 징계는 치유와 회복을 위한 것이고, 공동체를 위해서는 건강한 공동체를 유지하기 위한 것이지, 그 사람을 망하게 하기 위함이 아닙니다. 개혁주의 권징론을 분명하게 제시했던 칼뱅의 해석을 소개합니다.

> 우리는 어떤 수단을 사용하여 그들이 보다 덕스러운 삶으로 돌아오도록 그리고 교회의 교제와 연합으로 돌아올 수 있도록 힘써야 합니다. 그러므로 사도는 "원수와 같이 생각하지 말고 형제같이 권면하라"(살후 3:15)라고 역시 가르치고 있다. 이런 온유함이 사적이고 공적인 견책에서 유지되지 않는다면, 곧 징계에서 살생으로 미끄러질 위험성이 있다.[61]

하지만 때로는 이단에 빠지거나, 극악무도한 죄를 고집하고 돌이키지 않는 자들이 있습니다. 그럴 경우에는 교회가 판단해서 출교를 시켜야만 합니다. 마치 몸을 지키기 위해서 암세포를 수술해 내듯이, 공동체로부터 어떤 사람은 파문시켜야 하는 때도 있습니다. 오늘날은 개인이 그런 징계를 하지 않고, 당회가 그 일을 맡아서 합니다.

바울의 마지막 인사(16-18)

이제 우리는 사도 바울의 마지막 인사 부분을 살펴보겠습니다. 16-18절에 있는 세 절 말씀입니다. 먼저 17절 말씀을 봅니다.

> 나 바울은 친필로 문안하노니 이는 편지마다 표시로서 이렇게 쓰노라 (17절)

바울은 몇몇 서신에서 "친필로 문안한다"라는 표현을 씁니다. 바울은 시력이 나빠서 아마도 작은 글씨를 쓰기가 어려웠을 것입니다. 그래서 평소에는 대필하는 사람이 있었습니다. 로마서에도 보면 '더디오'라고 하는 사람이 대필을 했습니다. 그러나 누가 썼든지 간에 마지막 부분에는 바울이 큰 글씨로 "내가 직접 쓰는 것이다" 하고 밝혔습니다. 그렇게 함으로 바울의 이름으로 위조된 서신들을 구별할 수 있었던 것입니다. "나 바울은 친필로 문안하노니 이는 편지마다 표시로서 이렇게 쓰노라"라는 말은 그 뜻입니다.

이제 바울의 마지막 인사말, 즉 축원하는 말들을 살펴보겠습니다. 16절과 18절인데, 세 가지의 축원하는 내용이 나옵니다. 데살로니가 교인들에게도 해당하는 말씀들이요 긴 시간 동안 데살로니가전후서를 상고해 온 우리를 향한 말씀들이기도 합니다.

16절을 보면 바울은 “평강의 주께서 친히 때마다 일마다 너희에게 평강을 주시고 주께서 너희 모든 사람과 함께하시기를 원하노라”라고 축원합니다. 두 가지의 내용입니다. 평강과 임재에 대한 축원입니다. 데살로니가전서 5장 23절에서는 평강의 하나님을 언급했는데, 여기서는 “평강의 주”라는 표현을 씁니다. 이사야 9장에서 예언한 대로 예수 그리스도는 평강의 왕이시기 때문에, 바울은 평강의 주로 표현합니다. 평강의 주님이시기에 친히 “때마다 일마다 (우리에게) 평강을 주실 수 있는 것”입니다. 바울은 “때마다 일마다”라는 표현을 썼습니다. 어느 때에나, 무슨 일을 하든지 주님이 주시는 평강이 함께하기를 원한다는 뜻입니다. 부활하신 주님은 두려워서 문을 잠그고 숨어 있는 제자들에게 나타나시어 “너희에게 평강이 있을지어다”라고 말씀하셨고, 다락방 설교에서는 “이것을 너희에게 이르는 것은 너희로 내 안에서 평안을 누리게 하려 함이라 세상에서는 너희가 환난을 당하나 담대하라 내가 세상을 이기었노라”(요 16:33)라고 말씀해 주기도 하셨습니다. 바울은 이러한 평강의 주님께서 친히 우리 신자들이 어느 때나 무슨 일을 하든지 평강을 주시기를 축원하고 있습니다. 빈둥거리는 형제들로 말미암아 소란스럽던 데살로니가 교회 가운데도 하루 속히 평강이 임하기를 구하고 있는 것입니다.

그리고 바울은 또한 “주께서 너희 모든 사람과 함께하시기를 원하노라”라고 축원했습니다. 부활하신 주님께서는 승천하시기

직전에 제자들에게 "볼지어다 세상 끝 날까지 너희와 항상 함께 있으리라"라고 약속해 주셨듯이(마 28:20b), 바울은 데살로니가 교인들 전부에게 주님이 함께하시기를, 임재해 주시고 동행해 주시기를 축원하고 있습니다. 모든 사람이라고 했으므로 특정한 신자들뿐만 아니라, 문제를 일으키고 있는 그 신자들과도 함께 해 주시기를 구하고 있습니다. 하고 있는 어리석고 무질서한 삶을 멈추고 바울의 명령대로 각자 자기 일을 하고 자기 양식을 먹는 자가 되고, 나아가서는 "자기 손으로 수고하여 선한 일을" 하는 자(엡 4:28b)가 되도록 주님이 임재하여 도와주시기를 구하는 것입니다. 부활하시고 승천하신 주님은 하늘과 땅의 모든 권세를 가지시고 만왕의 왕이요 교회의 머리로 통치하시면서, 오늘날 우리 신자들 가운데 임재하시어 구원의 은혜를 공급하시며 신앙이 자라 가도록 도와주시고, 힘들고 어려울 때 체휼하시며 은혜와 긍휼을 베푸시는 분입니다. 그 주님을 더욱더 체험하고 동행하게 되기를 우리 모두가 서로를 향해 소원하고 축원하길 바랍니다.

바울의 마지막 축원이자 총 46절인 데살로니가후서의 마지막 구절은 18절에 있는 "우리 주 예수 그리스도의 은혜가 너희 무리에게 있을지어다"입니다. 바울 서신은 모두 주 예수의 은혜가 있기를 축원하면서 끝이 납니다. 바울은 매 서신을 시작할 때도 은혜와 평강을 기원하면서 시작하고, 매 서신을 끝낼 때도 주 예수 그리스도의 은혜가 함께하기를 축원하면서 끝내곤 했습니다. 그만큼 은혜가 그리스도인의 삶에 중심적이기 때문입니다. 자격없는 자들을 위해 스스로 엄청난 대가를 지불하시고 호의를 베풀어 주시는 것이 은혜이기에, 받는 우리는 그 은혜를 갚을 길이 없습니다. 그저 감사하고 은혜 베푸신 주님의 뜻대로 살고자 하는 삶의 결단만을 할 수 있을 뿐입니다. 바울은 환난 중에 믿음 생활하는 교인들이나 빈둥거리며 속썩이는 교인들을 바로 잡아 주는 문제나, 근본적으로 은혜의 힘으로만 그렇게 할 수 있다는 것을 다시금 상기시킵니다. 주 예수 그리스도의 은혜만이 모든 환난과 박해 중에도 믿음을 지키게 하고, 어떤 역경을 뚫고도 신앙에 성장하게 하며, 가는 도중에 어떤 일을 만나더라도 결국은 승리하고 믿음의 목적지인 천국에 이르게 하며, 공동체가 건강하게 자라는 일도, 공동체 내부의 어려움들을 극복하는 것도 오로지 주 예수 그리스도의 은혜가 강력하게 임할 때에 가능하다는 점을 잊지 말아야 합니다. 현재 우리의 상황이 어떠하든지 우리에게도 절실하게 필요한 것은 주 예수 그리스도의 은혜를 누리는 것입니다. 평강의 주께서 때마다 일마다 여러분과 함께하시기를 바라며, 주께서 여러분과 함께하시기를 바랍니다. 주 예수 그리스도의 은혜가 여러분과 함께하시어 풍성히 누릴 수 있기를 바라며, 그에 대한 답례송으로 찬송하며, 감사하며, 순종하는 삶을 살아낼 수 있기를 축원합니다.

Bibliography

미주

1 이상원, 『주의 날이 이를 때에』(서울: 한국성경교육연구소, 2000), 27. * 본서의 개정판은 이상원, 『데살로니가전후서: 주의 날이 이를 때에』(성남: 지혜의 언덕, 2024)으로 출간되었다.

2 위의 책, 34-35.

3 조나단 에드워즈, 『신앙감정론』(서울: 부흥과개혁사, 2005), 제3부를 보라.

4 마틴 로이드 존스, 『설교와 설교자』(서울: 복있는사람, 2012), 522-523.

5 위의 책, 523.

6 이상웅, 『조나단 에드워즈의 성령론』(2009/ 서울: 솔로몬, 2020), 제2장을 보라.

7 Jonathan Edwards, *Faithful Narrative*, WJE 4:151.

8 위의 책, WJE 4:159.

9 마틴 로이드 존스, 『에베소서 강해 1』(서울: CLC, 1988), 422-423.

10 하워드 마샬, 『사도행전』(서울: CLC, 2016), 448: "베뢰아에서의 바울의 영접에 대한 기술은 복음에 대해 더 호의를 갖고 열린 마음으로 (RSV는 더 고귀한으로 번역) 대하는 유대인들의 반응에 대한 전통적인 묘사이다." 유게네토스에서 기원한 영어 단어로 Eugene이 있다. 인명으로도 지명으로도 쓰인다. 2018년 국내에서 방영된 〈미스터 선샤인〉 드라마에서, 요셉 선교사는 최유진의 이름을 듣고는 "너 고귀한 자여"라고 뜻풀이를 해 준다.

11 조나단 에드워즈가 1749년 7월 26일자로 딸 메리에게 보낸 편지 속에 나오는 내용이다. 편지 전문의 원문은 Jonathan Edwards, *Letters and Pesonal Writings*, WJE 16 (New Haven: Yale University Press, 1998), 288-290에 수록되어 있다.

12 이상원, 『주의 날이 이를 때에』, 92.

13 번역은 다르지만 앤드류 톰슨, 『청교도의 황태자 존 오웬』(서울: 지평서원, 2006), 174에 편지 전문 번역이 있다.

14 LEK. chronos- expresses simply duration, time viewed in its extension. kairos- originally the opportunity for doing, or avoiding to do, anything. It is time with reference to both its extent and character and refers to the kind of events that are taking place

15 이상원, 『주의 날이 이를 때에』, 111.

16 석원태, 『기독교 7영리』(서울: 경향문화사, 2008), 257-258.

17 존 스토트, 『데살로니가전후서』(서울: IVP, 2014), 166.

18 위의 책, 167-168.

19 "성령을 소멸하지 말라"라는 구절에 대한 이하의 해설은 이상웅, "성령에 관한 오해와 이해,"「그말씀」 2011년 6월호: 60-63에 수록했던 내용을 대부분 활용한 것이다.

20 BDAG, 917.

21 Charles A. Wanamaker, *The Epistle to the Thessalonians* (NIGTC; Grand Rapids: Eerdmans, 1990), 202; Michael W. Holmes, *1&2 Thessalonians* (NIVAC; Grand Rapids: Zondervan, 1998), 183; "성령의 비통상적인 나타남을 가리키는 예언이나 방언과 같은 몇몇 형태들을 포함하는 주 개념이다"(TDNT, vii. 168).

22 Ronald A. Ward, *Commentary on 1 & 2 Thessalonians* (Waco, TX: Word, 1973), 117.

23 John Calvin, *The Epistles of Paul the Apostle to the Romans and to the Thessalonians* (Grand Rapids: Eerdmans, 1973). 375.

24 위의 책, 376; Institutes, 1.9.3.

25 Herman Bavinck, *Reformed Dogmatics,* trans. John Bolt, 4vols. (Grand Rapids: Baker, 2003-2008), 3:500.

26 J. B. Lightfoot, *Notes on the Epistles of St. Paul* (Grand Rpids: Zondervan, 1957), 83.

27 R. C. H. Lenski, 『신약 주석: 데살로니가전후서, 빌립보서, 골로새서』(서울: 로고스2000), 504-505.

28 Holmes, *1& 2 Thessalonians*, 196-197.

29 James Denney, *The Epistles to the Thessalonians* (EB; London: Hodder and

Stougton, 1909), 233-238.

30 위의 책, 237-238.

31 A. T. Robertson, *Word Pictures in the New Testament IV* (Nashville: Broadman, 1931), 37.

32 Gordon Fee, *The First and Second Letters to the Thessalonians* (NICNT; Grand Rapids: Eerdmans, 2009), 219-220. 이상에 소개한 성령 소멸에 대한 내용은 이상웅, "성령에 관한 오해와 이해," 「그말씀」 (2011.06): 60-63을 거의 다시 소개한 것임을 밝힌다.

33 Holmes, *1& 2 Thessalonians*, 213. 홈즈는 바울의 기도문의 기능을 고대 수사학의 *peroratio*의 기능을 수행한다고 이해한다. 즉, 앞선 강화의 주요 주제를 요약하는 것과 편지 수령자의 후의를 확보하려는 기능을 가진다는 것이다.

34 위의 책, 214.

35 도르트신경(Canons of Dort)의 다섯 번째 조항인 "성도의 견인"에 대한 풍성한 해설은 윤석준, 『견고한 확신: 도르트 신조 강해의 정석』(서울: 세움북스, 2023), 723-942를 보라.

36 Holmes, *1& 2 Thessalonians*, 216.

37 은혜에 관해서 더욱 더 자세한 내용은 이상웅, 『작은 서신 안에 담긴 위대한 복음: 빌레몬서강해』(서울: 솔로몬, 2018), 159-173와 『개혁주의 종말론에 기초한 요한계시록 강해』(서울: 솔로몬, 2019), 756-767을 보라.

38 바울이 사용한 동사 '휘페라욱사네이'는 "나무의 성장과 같은 내적이고 유기적인 성장"을 의미하고, 다른 동사 '플레오나제이'는 "홍수가 나서 땅에 범람하는 것같이 널리 퍼지고 확대되는 특성"을 가리킨다(존 스토트, 『데살로니가전후서』, 191).

39 위의 책, 194.

40 위의 책, 206. 또한 존 스토트와 데이비드 에드워즈의 『복음주의가 자유주의에 답하다』(서울: 포이에마, 2010) 제6장을 보라.

41 박형룡, 『교의신학: 내세론』(서울: 은성문화사, 1973), 162.

42 안토니 후크마, 『개혁주의 종말론』(서울: 부흥과개혁사, 2012), 374.

43 이상웅, 『박형룡신학과 개혁신학 탐구』 수정판 (서울: 솔로몬, 2021), 418-19.

44 존 스토트, 『데살로니가전후서』, 199-200.

45 위의 책, 202.

46 위의 책, 202.